KB217652

마음 다루기 수업

혜안 스님의
삶을 바꾸는
명상 이야기

마음 다루기 수업

혜안 지음

싱긋

서문

명상의 길을 떠나며

명상하는 스님들을 운수납자(雲水衲子)라고 합니다. 운수납자는 구름(雲)이 걸림 없이 허공을 떠다니고 물(水)이 막힘없이 흐르듯 걸림 없이 떠돌며 명상하는 스님이라는 의미입니다. 저도 이런 구름처럼, 물처럼 걸림 없는 자유와 행복을 위해 출가(出家)했습니다.

운수납자라는 말에 어울리게 저도 출가해 한동안 이곳저곳을 계속 떠돌며 명상했습니다. 때로는 선원에서, 때로는 산중 토굴에서, 때로는 이역만리 오지의 수행처에서 명상하기도 했습니다. 어찌 보면 요즘처럼 문명이 발달한 시대의 삶과는 너무나 동떨어진 삶이었습니다.

그러다 인연의 힘이 저를 자그마한 절로 이끌었고, 거기에 잠시 멈추게 되었습니다. 경남 창원의 신불사라는 조그만 암자에서 주지를 맡게 되었습니다. 출가해서 이 절에 오기 전까지는 오로지 저 자신의 명상에만 집중했습니다. 하지만 이곳에 머물게 된 후 제가 그동안 해왔던 불교 명상의 경험을 다른 사람들과 나누게 될 기회를 갖게 되었습니다. 저의 이런 명상에 대한 경험이 사람들의 삶을 훨씬 평화롭고 행복하게 만들 수 있다고 생각했기 때문입니다. 이 책은 명상의 길을 전했던 그 당시의 강의와 글들을 모은 것입니다.

요즘 사람들은 몸의 건강에 정말 관심이 많습니다. 건강을 위해 균형 잡힌 식사를 하고 비타민을 챙겨 먹고 보약까지 먹습니다. 그리고 운동으로 몸을 단련하기도 합니다. 이따금 몸이 아프면 휴식을 취하고 약을 먹고 병원에서 치료를 받기도 합니다. 정도의 차이는 있겠지만 우리들 대부분은 자신의 몸에 대한 나름의 전문가입니다.

하지만 마음을 어떻게 다루어야 하는지는 대부분 잘 모릅니다. 마음을 어떻게 관리해야 마음이 건강해질 수 있는지에 대해 제대로 아는 사람은 별로 없습니다. 자신의 마음을 제대로 이해하지 못해서 스스로 괴로움을 자초하는 경우도 많습니다.

항상 뭔가를 원하고 갈구하는 익숙한 방식으로 마음을 써서는 마음의 문제들을 해결하기 어렵습니다. 마음이 진정 평화롭고 행복해지려면 익숙하지 않은 낯선 길을 걸어가야 합니다. 이 낯선 길은 놓아버림, 마음의 멈춤, 만족의 길입니다. 이것이 명상의 길입니다. 여기서 진정한 지혜가 생깁니다.

이 책은 이 같은 명상의 길에 대해 다루고 있습니다.

이 책은 3부로 구성되어 있습니다. 1부와 2부는 틈틈이 써서 SNS상에 올렸던 글들을 모은 것이고, 3부는 '불교 명상 입문'이라는 강의을 바탕으로 한 것입니다. 조금 가볍고 일반적인 내용으로 시작해서 좀더 전문적이고 구체적인 방법론으로 접근할 수 있도록 구성했니다.

1부 '마음 길들이기'는 우리 마음을 비추어 볼 수 있는 조금 가벼운 글들이고, 2부 '명상을 만나다'에는 명상에 관한 유익한 조언을 담았습니다. 그리고 3부 '명상 수업'은 일상에서 실천할 수 있는 구체적인 명상법을 다루고 있어, 여기서 명상의 기본적인 방법을 배울 수 있습니다.

이 책이 여러분에게 마음의 무거운 짐을 잠시라도 내려놓을 수 있는 길을 보여줄 수 있었으면 좋겠습니다. 그래서 여러분이 좀더 평화롭고 행복한 삶을 살 수 있는 진정한 지혜를 얻을 수 있었으면 합니다.

이 책이 나오는 데는 많은 분들의 도움이 있었습니다. 제게 명상 강의를 들었던 분들이 강의를 채록하는 데 도움을 주셨고, 오랜 도반인 각전 스님은 이 책에 아름다운 사진을 제공해주셨습니다. 따뜻한 마음으로 도움을 주신 모든 분들께 감사드립니다.

모든 존재가 평온하고 행복하기를.

2017년 선선한 가을날

혜안 두 손 모음

차
례

서문

1부
마음 길들이기

2부
명상을 만나다

3부

명상 수업

1부 ○ 마음 길들이기

마음의

집을 찾아

제가 사는 암자 주위에는 새들이 참 많이 살고 있습니다. 참새, 까치, 까마귀, 두루미, 딱따구리 등을 비롯해 이름 모를 수많은 새들과 희귀한 매, 이름만 들어봤던 팔색조까지 살고 있지요. 대낮에 문을 열어두고 법당에 앉아 있으면 여러 새들이 파트를 나눠 합창하는 아름다운 노랫소리에 마음이 절로 즐겁고 편안해집니다.

새들은 그렇게 즐겁게 노닐다 어둠이 내리기 시작하면 각자의 아늑한 보금자리로 돌아갑니다. 절 주위에는 제법 넓은 대나무 숲이 있는데, 이곳이 작은 산새들의 집이지요. 호기심 반, 심술 반으로 이 대나무 숲에 들어가면 수백 마리의 새들이 놀라 푸드덕거리며 날아다닙니다. 어쨌든 산새들에게는 이 숲이 가장 편안한 보금자리입니다.

우리에게도 돌아갈 집이 있습니다. 단독주택에 사는 사람도 있고, 아파트에 사는 사람도 있고, 도시의 연립주택에 살기도 하고 교외의 전원주택에 살기도 합니다. 직장에서 힘든 일과를 마치고 집에 돌아와 몸을 기대면 그제야 한숨을 돌립니다.

그러면 우리 마음의 집은 어디일까요? 가장 편안하고 안심되는, 행복한 집은 어디일까요?

그곳은 바로 '이 순간'입니다. 과거의 일에 대한 고민과 후회도 없고, 미래의 일에 대한 걱정과 복잡한 계획도 사라진, 바로 현재, 이 순간 말입니다. 사람들이 가지고 있는 스트레스의 95퍼센트 이상이 과거나 미래의 일에 대한 생각이나 감정에서 생기는 것입니다.

과거와 미래를 모두 놓아버리고 현재 이 순간 속에서 편안하게 휴식해보세요. 잠시 아무것도 하지 말고 현재 이 순간과 함께해보세요. 이곳은 참 편안하고 근사한 마음의 집이랍니다.

어린 시절에 저는 작은 산골 마을에 살았습니다. 부모님은 두 분 모두 농사를 지으셨지요. 벼, 고추, 마늘, 양파, 사과 등 이런저런 농작물들을 많이 키우셨습니다. 특히 깊은 골짜기 기슭에 제법 큰 사과밭이 있었는데, 사과 맛이 좋기로 유명했지요. 당시 아버지는 그 밭에서 자란 사과에 상당한 자부심을 갖고 계셔서 이런 말을 자주 하셨습니다.

"우리 과수원 사과가 설탕보다 더 달다 아이가. 진짜 달데이."

그러면서 사과 당도의 비결을 말씀해주셨어요.

"우리 사과밭이 깊은 골짝 산밑에 있다 아이가. 거가 일교차가 엄청 심하거든. 밤으로는 쌀쌀하고 낮으로는 볕이 좋아서 따뜻하고. 이래 추웠다 더웠다 하면서 사과 당도가 높아지는 기다."

우리 마음이 먹음직스럽게 성숙하는 과정도 사과가 맛이 드는 과정과 비슷하다는 생각이 듭니다. 때로는 따뜻한 봄볕이 마음의 정원을 비추기도 하고, 때로는 뼈가 시리도록 매서운 겨울바람이 몰아쳐 마음을 꽁꽁 얼려버리기도 합니다.

마음이 지금 한겨울 한파를 지나고 있더라도 마음을 편안히 가지도록 노력해보세요. 그 어려운 시기를 지혜롭게 견뎌내고 매서운 찬바람이 누그러지는 시절이 오면, 꽃이 피고 달콤한 열매가 열릴 것입니다.

중국의 한 선사는 이런 가르침을 남기셨습니다.

"한겨울 찬바람이 한번 뼛속에 사무치지 않았다면, 어찌 매화 향기가 코끝을 찌르겠는가?"

한때 깊은 산중 토굴에서 수행한 적이 있습니다. 토굴이라고 하면 사람들은 대부분 땅속에 있는 굴이라고 생각하지요. '스님들은 땅속 굴에 들어가 고행하는구나.' 이렇게 말이죠. 하지만 토굴은 사실 스님들이 사는 조그만 오두막이나 암자를 가리킵니다.

제가 토굴에 살 때 출가 전에 친하게 지내던 대학 선배와 정말 오랜만에 통화를 한 적이 있습니다.

선배가 이렇게 물었습니다.

"스님, 요즘 어디서 수행하세요?"

저는 별생각 없이 대답했습니다.

"요즘 깊은 산중에 있는 토굴에서 지내요. 거기서 나무도 하고 군불도 때고 밥도 해 먹고, 그렇게 지내죠."

그러자 그 선배는 걱정스런 말투로 이렇게 물었습니다.

"그럼 반찬이나 국거리는 어떻게 해결해요?"

저는 이렇게 대답했습니다.

"텃밭이 있어서 해결이 되지요."

그렇게 서로 이런저런 안부를 묻고 전화를 끊었습니다.

그러고 며칠 뒤에 그동안 연락이 없었던 한 대학 후배로부터 연락이 왔습니다. 그 선배에게 연락처를 받아 전화를 한 것이었습니다. 그 후배는 걱정스런 말투로 이렇게 말했습니다.

"스님! 스님이 그렇게 힘들게 수행하고 있는지 몰랐어요. 땅속 굴을 파서 지내면서 톱밥을 먹고 지낸다면서요? 아유, 그렇게 힘들게 어떻게 살아요? 제가 음식을 좀 보내드릴게요."

대학 선배가 토굴을 땅속의 굴이라고 오해하고 텃밭을 톱밥으로 오해해 잘못 전한 거였죠. 제가 땅속에서 지내면서 쌀로 지은 밥이 아닌 톱밥을 먹으면서 산다고 생각했던 것입니다.

우리는 고정관념 때문에 듣고 싶은 대로 듣고 보고 싶은 대로 볼 때가 종종 있습니다. 부처님은 우리가 눈에 낀 티끌 때문에 세상과 존재의 본질을 있는 그대로 보지 못한다고 하셨습니다.

모두들 마음의 눈에 티끌이 걷힌 눈 밝은 이들이 되시길…….

생각을 조심하십시오. 생각이 말이 됩니다.

말을 조심하십시오. 말이 행동이 됩니다.

행동을 조심하십시오. 행동이 습관이 됩니다.

습관을 조심하십시오. 습관이 우리의 운명이 됩니다.

마음을
다루는 방법

얼마 전에 오랜만에 홀로 명상하는 시간을 가졌습니다. 인간사가 대개 그렇듯 이 기간 중에 예상치 못한 일이 생겨 처음에 계획했던 시간을 다 채우지는 못했지만, 그래도 아주 즐거운 시간이었습니다.

말을 끊고 명상을 통해 내면으로 침잠하면서, 생각의 본질에 관한 이런저런 생각이 들었습니다.

먼저 우리의 생각이 얼마나 무거운 짐인가, 그리고 명상을 통해 그 생각을 고요히 멈췄을 때 얼마나 평화롭고 행복한가 하는 생각이 들었습니다.

생각의 물리적 무게는 0그램이지만, 우리가 체감하는 생각의 무게는 엄청날 때가 많지요. 특히 고민거리나 걱정거리가 있을 때, 또는 어떤 일로 불안할 때면, 생각의 무게는 긴 밤을 잠 못 이루게 하고 식욕을 사라지게 만들 정도로 육중하게 느껴집니다. 그리고 괴로운 생각들이 주요 구성 요소인 스트레스는 만병의 근원이라 할 정도로 우리 마음을 무겁게 짓누릅니다.

이런 괴롭고 불편한 생각을 멈추면 당연히 평화와 행복을 느낄 것입니다. 이런 괴로운 생각뿐 아니라 중립적이거나 즐거운 생각들도 평소에는 그 무게를 잘 느낄 수 없지만, 명상을 통해 이런 생각들을 잠시 멈추고 그 자리에서 고요와 행복이 솟아나면, 이런 생각들조차 자신을 얼마나 무겁게 누르는 짐이었는지 알게 됩니다.

하지만 이런 사실들을 잘 알더라도 내 마음대로 생각을 멈출 수 없는 게 문제입니다. 특히 괴로운 생각이 일어날 때 그 생각을 멈추려 하면 할수록 더욱더 그런 생각들에 얽혀들고 빠지는 것이 보통입니다. 이런 생각들에서 벗어나려면 생각의 속성에 대한 이해가 필요합니다.

비유를 하나 들어볼게요. 제가 작년에 이 절로 오면서 작은 연못을 하나 팠어요. 포클레인으로 연못을 파서 물을 채우고, 수련과 여러 가지 수생식물들을 심어서 예쁘게 단장을 했지요. 이렇게 작업을 하다보니 연못물이 완전히 흙탕물이 되었어요.

이럴 때 흙탕물을 가라앉혀 연못물을 맑게 하려면 어떻게 해야 할까요? 연못 속으로 뛰어들어 이리저리 움직이며 흙탕물을 가라앉히려 노력해야 할까요?

당연히 아니지요. 연못 밖으로 나와 자연의 법칙에 따라 물에 떠 있는 흙이 저절로 가라앉아 물이 맑아질 때까지 마음 편히 기다리면 됩니다.

생각을 가라앉히는 방법도 이와 비슷합니다. 자신을 괴롭히는 생각들이 마음을 뿌옇게 가득 채울 때면 거기서 살짝 빠져나와 이렇게 생각해보세요.

'이런 생각들은 가만히 내버려두면 흙탕물이 가라앉듯 저절로

가라앉을 거야. 상관하지 말고 내버려두고 편안히 있자.'

그러면 얼마 지나지 않아 그런 생각들은 저절로 가라앉고, 여러분의 마음은 다시 맑고 고요해질 것입니다. 중립적이거나 즐거운 생각이 일어날 때도 똑같은 방법을 한번 적용해보세요.

이렇게 마음을 다루는 방법을 연습하다보면, 생각을 벗어난 고요한 마음이 얼마나 평화롭고 감미로운지, 그리고 얼마나 강력하고 행복한지를 알게 될 것입니다.

마음속에 이런저런 걱정이나 슬픔, 분노 등이 생겨날 때가 있습니다. 그러면 우리는 몹시 심각해지고 고통을 느끼기도 합니다.

그럴 때면 그런 감정이나 고민들을 마음에서 꺼내 눈앞에 놓아보세요. 그러면 뭐가 보이나요?

물론 아무것도 안 보이겠지요.

눈에 보이지도 않는, 실체도 없는 것 때문에 고민하고 있었던 것입니다.

마음에서 일어나는 모든 감정이나 고민들은 신기루처럼 실체가 없습니다. 이것들이 당사자에게는 정말 심각하게 느껴지겠지만,

그 본질만 제대로 알면 별것 아닌 게 될 수 있습니다.

자신의 마음을 다루는 올바른 방법을 안다면 부정적인 감정들을 쉽게 털어버리고, 마음을 평화롭고 고요하게 만들 수 있습니다.

때로는 복잡한 생각들 속에서 길을 잃기 쉽습니다.
생각의 안개가 마음에 짙게 끼어 시야를 가리기 때문입니다.
그럴 때는 잠시 여유를 갖고 멈춰서 호흡을 알아차려보세요.
호흡이 들어오면 그저 들어오는 줄 알고
호흡이 나가면 그저 나가는 줄 알아차려보세요.
반복해서 이렇게 해보세요.
그러면 이내 짙게 끼어 있던 생각의 안개가 가라앉고
마음이 고요하고 평화로워질 것입니다.
고요하고 밝은 시야 속에서
가야 할 길을 명확하게 볼 수 있을 것입니다.

지혜와 지식은 다릅니다.
지식은 생각을 일으키지만, 지혜는 생각을 멈춥니다.
지식은 집착하게 만들지만, 지혜는 놓아버리게 만듭니다.

자신이 일으킨 것이 지혜인지 지식인지는
그 결과로 알 수 있습니다.
진정한 지혜라면 마음을 가볍고 평화롭게 만들고,
얽혀 있던 마음의 문제를 풀어줄 것입니다.
놓아버리게 만들어 여러분을 좀더 자유롭게 만들 것입니다.

지혜가 있는 곳

한번은 몸살이 심하게 났습니다. 제가 아주 건강하거나 체력이 좋지는 않아도 잔병은 없는 편이어서 감기나 몸살에 잘 걸리지 않습니다. 근 10년 이상 심한 감기나 몸살을 앓아본 적이 없었습니다. 그런데 봉화 산중으로 옮겨온 지 얼마 안 되어 제대로 몸살이 났습니다. 몇 년 동안 따뜻한 남쪽 지방에서 지내다 추운 지역으로 옮겨오니 몸이 추운 기후에 적응하지 못한 것이 원인이었습니다.

몸살이 너무 심해서 평생 몇 번 가지 않았던 병원에 가서 주사를 맞고 링거도 맞고 약도 지었습니다. 읍내에 있는 작은 의원이었는데, 제게 주사를 놓던 간호사가 물었습니다.

"스님, 다른 지방에서 오셨어요?"

저는 대답했습니다.

"네, 마산에서 오래 지내다 왔는데 봉화가 참 추운 곳이네요."

그녀가 반가워하며 말했습니다.

"어머, 저도 고향이 마산인데 시집오면서 봉화로 오게 됐어요. 반갑네요. 제가 처음 시집왔을 때가 5월이었는데 눈이 오더라고요. 여긴 강원도보다 더 추운 것 같아요."

가뜩이나 추운 산중 토굴은 몸살 탓인지 더 춥게 느껴졌습니다. 온몸이 으슬으슬하고 기침에 두통까지 있으니, 이곳의 추운 날씨와 몸살 난 내 몸이 원망스러웠습니다.

'같은 한국인데 여기는 왜 이렇게 춥지? 다른 곳은 벚꽃이 만발한 봄인데 여긴 눈까지 내리고 말이야! 생전 걸리지 않던 몸살은 왜 걸리는 거지? 아파서 산행도 못하고 답답한 방안에만 있어야 하다니!'

이내 저는 저 자신이 이치에 맞지 않게 억지를 부리고 있다는 사실을 깨달았습니다. 저는 스스로 고통을 불러일으키고 있었습니다.

내가 원한다고 해서 추운 날씨를 따뜻하게 만들 수도 없고 아픈 몸을 건강하게 만들 수도 없습니다. 자신이 통제할 수 없는 것을 통제하려 하면 고통이 생깁니다. 날씨는 자연의 법칙에 따라 더워졌다 추워지고, 우리 몸은 신체의 리듬에 따라 건강하기도 하고 아프기도 합니다. 이는 내 마음에 들지 않는다고 거부하거나 싫어할 것이 아니라 그 이치를 이해하고 받아들여야 하는 것입니다.

이를 화살에 맞는 것에 비유할 수 있습니다. 추운 날씨와 아픈 몸 때문에 고통받는 것은 첫번째 화살을 맞는 것과 같습니다. 화살을 맞으면 고통스럽습니다. 그리고 추운 날씨와 아픈 몸을 싫어하고 여기서 빨리 벗어나고 싶어하는 마음은 두번째 화살에 맞는 것입니다. 이런 상황을 싫어하는 마음과 여기서 벗어나고 싶은 욕망이 채워지지 않는 갈증 때문에, 이 역시 고통스럽습니다.

우리는 첫번째 화살을 피할 수는 없지만, 두번째 화살은 지혜로 피할 수 있습니다. 그러면 많은 고통을 줄일 수 있습니다.

지혜는 있는 그대로를 이해하고 따뜻하게 받아들이는 것입니다. 날씨도 내 몸도 내 마음도 주위의 상황도, 내가 원하는 대로 되지 않습니다. 항상 따뜻하고 상쾌한 날씨를 바라도 폭풍우 치는 날이 오고, 언제나 건강하길 바라도 몸이 아플 때가 있으며, 항상 마음이 즐겁고 편안하길 바라도 마음속이 고뇌와 슬픔으로 가득 찰 때가 있고, 하는 일마다 성공하기를 바라도 실패의 쓴맛을 볼 때가 많습니다.

이렇게 몸과 마음과 세상은 내가 통제할 수 있는 것이 아닙니다. 통제 불가능한 것을 통제하려는 데서 많은 고통이 생깁니다. 이를 이해해야 합니다. 그리고 자신의 마음에 들지 않는 현실을 있는 그대로 받아들여야 합니다. 싫은 마음과 불만을 품고서가 아니라 따뜻하게 포용하는 마음으로 받아들여야 합니다.

만약 몸살에 걸렸다면 자신에게 이렇게 얘기해주십시오.

'몸살에 걸릴 만한 이유가 있으니 걸렸겠지. 그리고 나을 때가 되면 낫겠지. 나는 내 아픈 몸을 따뜻하게 보살필 테지만, 내 몸에게 아무것도 원하지 않아. 아픈 몸에서 벗어나려 하지 않고, 이 몸과 편안하게 함께할 거야.'

이렇게 할 수 있다면, 두번째 화살의 고통에서 벗어나는 지혜가 생긴 것입니다.

내 몸과 마음도 내 마음대로 할 수 없습니다.

우리는 항상 건강하게 지내고 싶지만 감기 몸살을 비롯해 이런 저런 병에 걸립니다. 항상 즐겁고 행복하게 지내고 싶지만 슬프고 우울해지기도 하고 괴로워지기도 합니다.

내 몸과 마음은 나의 통제를 벗어나 있습니다. 내 몸과 마음은 여러 조건에 따라 건강하기도 하고 병들기도 하며, 행복하기도 하고 괴로워지기도 합니다. 사실 이런 것들은 나의 의도나 바람과는 별 관계가 없습니다.

내 몸과 마음도 내 뜻대로 되지 않으니 다른 사람의 몸과 마음은 말할 나위가 없겠지요. 가족이나 친구, 동료 등이 내 마음에 들지 않는 행동이나 말을 한다면 '너무 당연해' 하고 여겨야 합니다. 그들이 내 마음에 드는 행동이나 말을 할 때는, 내가 원해서가 아니라 이런저런 조건들이 맞아서 그런 것이라고 생각해야 합니다.

몸과 마음을 포함한 세상의 모든 것들은 우리의 통제력을 벗어나 있습니다. 이것이 부처님이 가르치신 '무아(無我)'의 핵심입니다. 통제할 수 없는 것을 통제하려 하면 괴로움이 생깁니다.

세상의 모든 것들은 여러 조건들에 따라 일어났다 사라지는 것임을 이해하고, 통제하려는 집착을 버려보세요.

이것이 괴로움에서 벗어나는 지혜입니다.

이것이 문제라고 생각하는 순간 문제가 됩니다.
그리고 나의 문제라고 생각하면 나의 문제가 됩니다.

문제를 소유하지 마십시오.
안락한 방에 앉아 눈보라 치는 풍경을 창문으로 지켜보듯
자신의 마음을 지켜보십시오.

소유하지 않으면
슬픔도 고통도 번민도 스트레스도
모두 흥미진진하고 아름다운 풍경이 될 수 있습니다.

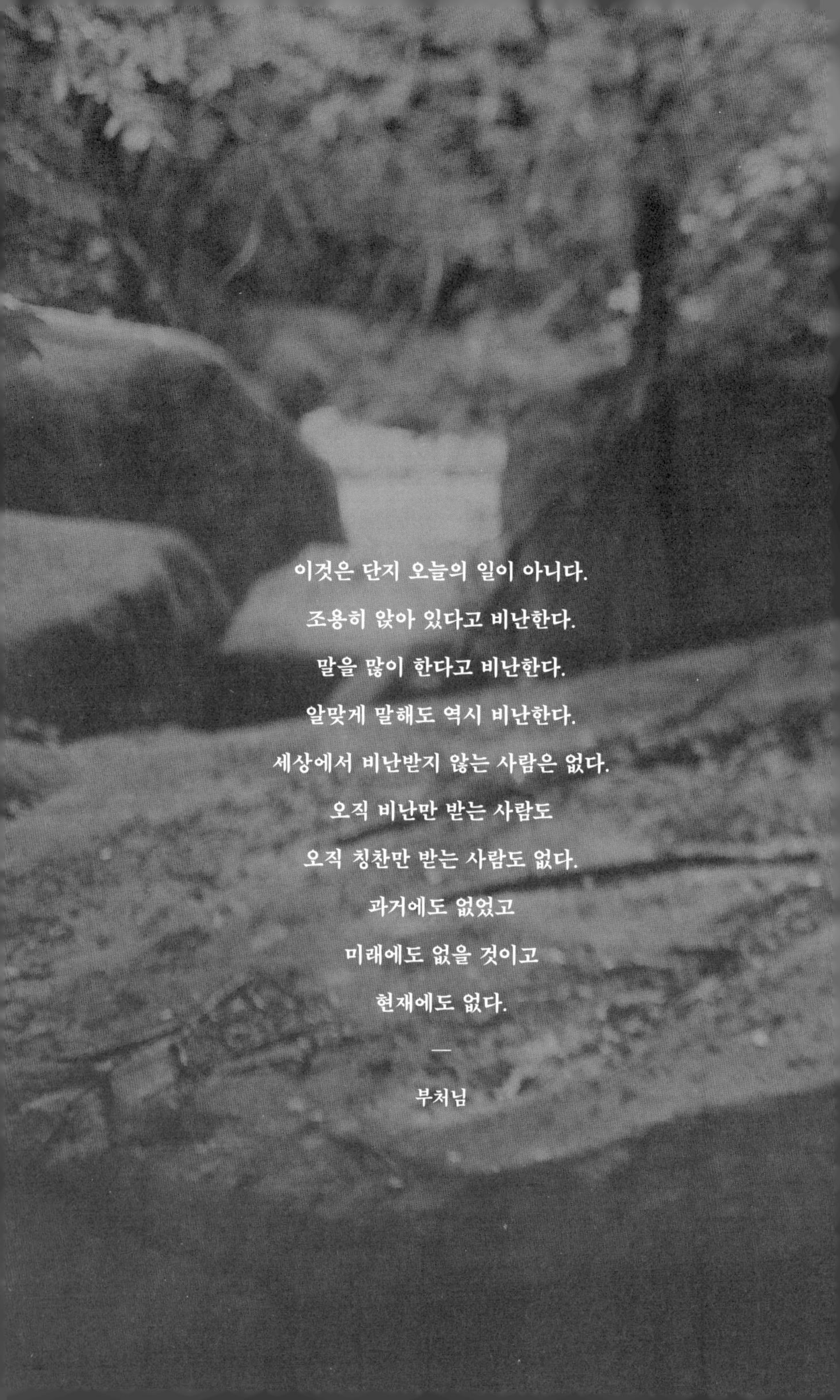

이것은 단지 오늘의 일이 아니다.

조용히 앉아 있다고 비난한다.

말을 많이 한다고 비난한다.

알맞게 말해도 역시 비난한다.

세상에서 비난받지 않는 사람은 없다.

오직 비난만 받는 사람도

오직 칭찬만 받는 사람도 없다.

과거에도 없었고

미래에도 없을 것이고

현재에도 없다.

—

부처님

깨달음으로

가는 길

처음 산중 토굴에 살게 되었을 때, 밤낮으로 나무만 하던 때가 있었습니다. 3년 정도 살 계획이었기에 3년 치 나무를 모두 해놔야겠다는 생각이 들었습니다. 보통 토굴에 처음 사는 초보 스님들은 이런 경험을 하게 됩니다. 해야 할 일을 빨리 끝내고 편안한 마음으로 수행하겠다는 마음이 앞서는 것입니다.

그 토굴은 나무로 난방을 했습니다. 그래서 통나무를 잘라 도끼로 나무를 쪼개 장작을 만들어야 했습니다. 저는 시골 출신이긴 하지만 시대가 시대인지라 도끼질은 한 번도 해본 적이 없었습니다. 난생처음 해보는 도끼질은 마음처럼 쉽지 않았지요. 있는 힘을 다해 도끼로 통나무를 내리쳐도 통나무는 쉽게 쪼개지지 않았고, 서툰 도끼질에 통나무가 이리저리 튕겨나가기도 했습니다.

그런데 어느 순간, 도끼질을 할 때는 나뭇결을 따라 내리쳐야 한다는 말이 생각났습니다. 그러자 보이지 않던 나무의 결이 보이기 시작했습니다. 나무가 쉽게 쪼개질 수 있도록 결을 따라 도끼질을 해봤지요. 하지만 쉽지 않았습니다. 원하는 대로 나뭇결을 정확하게 내리치고 싶었지만 마음과 달리 도끼날은 엉뚱한 곳을 향했습니다. 그리고 해가 떠서 어두워질 때까지 열흘 정도 도끼질을 하자, 비로소 어느 정도 원하는 대로 나뭇결을 따라 도끼날을 내리칠 수 있었지요. 나뭇결을 내리치니 나무가 쉽게 패졌습니다. 그렇게 20일이 지나자 원하는 어느 곳에나 정확하게 도끼질을 할 수 있는, 자칭 '도끼질의 달인'이 되어 있었습니다.

우리는 누군가로부터 어떤 지식이나 기술을 배웁니다. "통나무를 쉽게 쪼개려면 나뭇결을 내리쳐라"와 같은 것이지요. 하지만 이것은 지식 혹은 이론일 뿐 실제가 아닙니다. 실제는 자기 스스로 익히고 체험해야 하는 것입니다. 그리고 실제는 이론을 제대로 이해하고 반복적인 훈련을 하면서 내 것이 됩니다. 그렇게 반복된 경험과 훈련을 통해 전문가가 되는 것이지요.

진리를 공부할 때도 마찬가지입니다. 책을 통해 혹은 스승의 가르침을 통해 이해한 것을 자신의 것이라 여기지 않아야 합니다. 그 가르침을 직접 적용하며 꾸준한 노력과 훈련을 통해 체득해야 그 가르침이 실제가 되는 것입니다.

가르침이라는 씨앗이 마침내 여러분의 마음에서 자라나 결실을 맺게 되는 것입니다.

여러 가지 일을 동시에 하는 것을 멀티태스킹이라고 합니다. 그런데 그것은 어쩌면 산만함과 동의어일지도 모릅니다.

몇 가지 일들을 함께 하다보면 우리 마음은 산만해지고, 산만한 마음은 정신적 에너지를 소진시킵니다.

한 번에 한 가지 일만 해보세요.

밥 먹을 때는 밥만 먹고
말할 때는 말만 하고
걸을 때는 걷기만 하고
일을 할 때는 그 일만 하세요.

그 외의 다른 모든 것들은 모두 놓아버리세요.
그러면 삶이 좀더 고요하고 평화로워질 것입니다.
그리고 훨씬 효율적이고 집중력 있는 사람이 될 것입니다.
좀더 깊은 의미에서, 이것이 깨달음으로 가는 길이기도 합니다.

마음속에 천천히 새겨보세요.
한 번에 한 가지씩.

우리는 때때로 중요한 결정을 해야 할 때가 있습니다. 어떻게 하면 최선의 결정을 내릴 수 있을까요? 상황에 따라 결정을 내리는 방식이 다르겠지만, 일반적으로 가장 좋은 결정을 내릴 확률이 높은 방법이 있습니다.

먼저 어떤 결정을 내리는 데 필요한 정보를 모으고 주위 사람들로부터 유익한 의견을 구합니다. 다음으로, 이렇게 모은 정보들을 바탕으로 결정에 필요한 이런저런 생각들을 합니다. 하지만 논리적인 사유로 결론을 내려 성급하게 결정해서는 안 됩니다. 우리의 생각은 현실에 존재하는 많은 부분들을 놓치기 마련이기 때문입니다.

이제 생각을 멈추고 마음을 고요히 하며 시간을 갖습니다. 가능하다면 명상을 통해 마음을 고요하게 가라앉혀보세요. 이런 시간을 반복해서 가집니다. 그러면 어느 순간 수평선에서 순간적으로 해가 솟아오르듯, 고요한 마음에서 직관적인 결론이 번뜩 떠오릅니다.

지혜는 복잡한 사유가 아니라 고요한 마음에서 생깁니다.

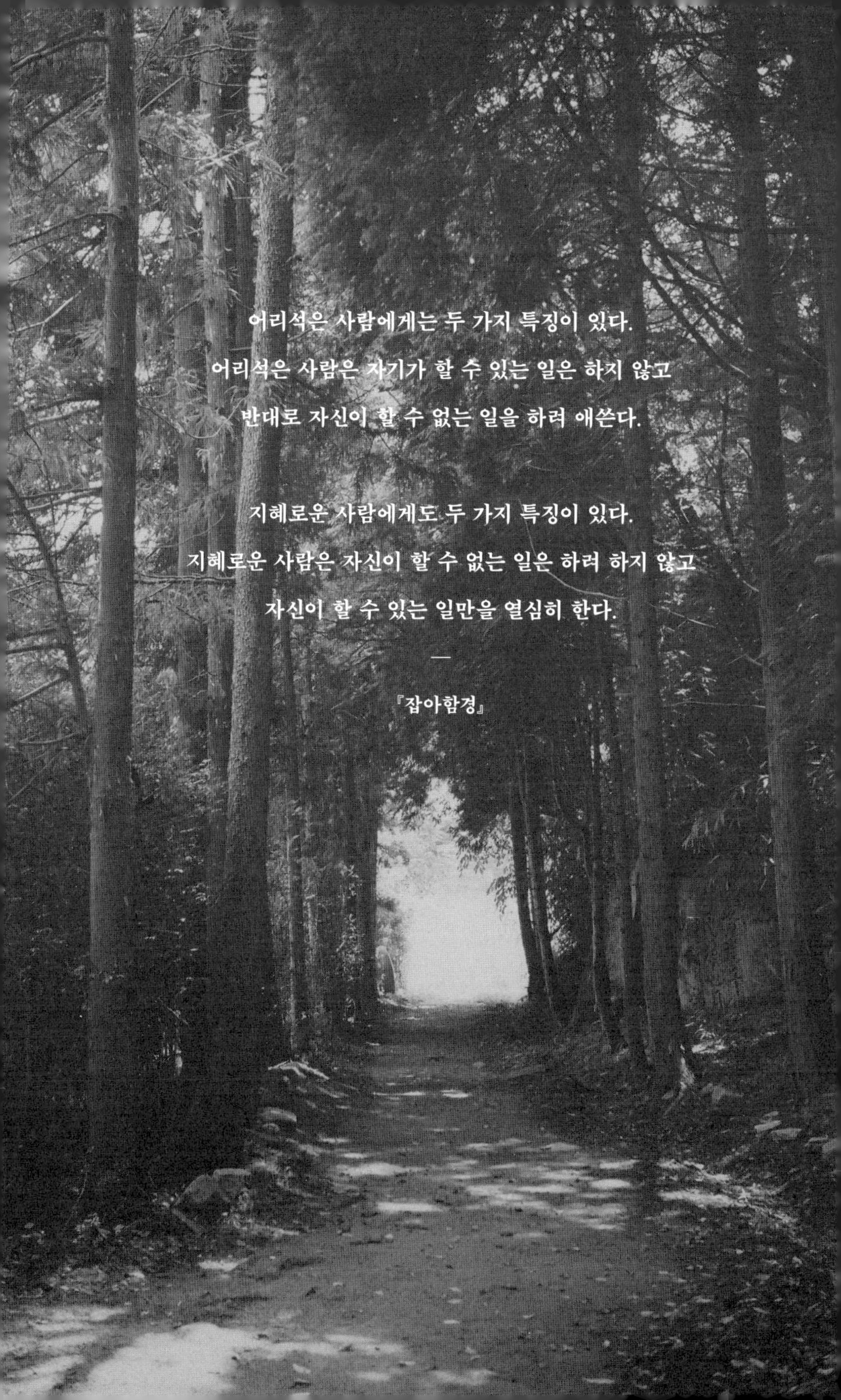

어리석은 사람에게는 두 가지 특징이 있다.
어리석은 사람은 자기가 할 수 있는 일은 하지 않고
반대로 자신이 할 수 없는 일을 하려 애쓴다.

지혜로운 사람에게도 두 가지 특징이 있다.
지혜로운 사람은 자신이 할 수 없는 일은 하려 하지 않고
자신이 할 수 있는 일만을 열심히 한다.

—

『잡아함경』

화에

대하여

살다보면 화가 날 때가 있습니다. 사람들의 말이나 행동에 감정이 상하기도 하고, 이런저런 일들로 화가 날 때가 있습니다.

부처님은 일어난 화를 다스리는 수준에 따라 세 부류의 사람으로 분류하셨습니다.

가장 낮은 단계의 사람은, 바위에 글씨를 새기듯 화를 마음속 깊이 각인시켜 상대에 대한 원한을 오랫동안 간직하는 사람입니다. 바위에 새겨진 글씨는 천년이 지나도 그 흔적이 남아 있듯, 좁은 마음으로 화를 다스리지 못하는 것입니다.

그보다 높은 단계의 사람은, 흙에 글씨를 쓰듯 화를 마음에 지니고 있는 사람입니다. 흙 위에 쓴 글씨는 슬쩍 건드리기만 해도 쉽게 지워집니다. 마찬가지로 화가 치밀었을 때 지혜로 쉽게 화를 지워버릴 수 있는 사람이 이런 부류입니다.

최고 단계의 사람은, 물위에 글씨를 쓰듯 화가 마음에 그 형태를 갖추기도 전에 화를 소멸시켜버리는 사람입니다. 물위에는 글씨를 쓰더라도 완성하기도 전에 글씨가 사라져 고요한 수면이 됩니다. 마찬가지로 뛰어난 지혜를 가진 사람은 마음에 화가 일어난 순간 그것을 감지하고 없애버립니다. 그래서 마음이 항상 시원하고 평화롭습니다.

여러분은 어떤가요.

화가 일어났을 때 그것을 어디에 쓰나요?

바위인가요, 흙인가요, 아니면 물인가요?

화에 얽매이는 것은 시뻘겋게 달아오른 숯덩이를 맨손으로 잡아 남에게 던지려는 것과 같다. 남을 태우기 전에 자신을 먼저 태우리니…….

_부처님

사람에게 고통을 주는 세 가지 마음의 독 중 한 가지가 화입니다. 우리는 때로 정당하지 못하거나 이치에 맞지 않은 상황에 직면할 때 혹은 억울한 일을 당할 때 쉽게 화에 휩싸입니다. 이런 화는 올바르고 정당하며 정의로운 것이라 생각하기도 합니다.

하지만 이 세상에 그런 종류의 선한 화는 존재하지 않습니다. 물론 그런 화가 긍정적 결과를 가져오는 경우도 있기는 하지만, 화 그 자체는 우리 마음을 괴로움으로 중독시키는 지독한 독약일 뿐입니다.

독인 줄 안다면 그것을 버려야 합니다.

자기 자신과 모든 존재의 행복을 위해서는 화를 저 멀리 던져버려야 합니다.

손에 쥔 뜨거운 숯덩이를 던져버리듯.

안개 낀 산사의 아침, 수곽에서 물 흐르는 소리가 싱그럽습니다.

신불사 깊은 골짜기에서 발원한 물이 좁고 어둡고 긴 파이프를 거쳐 시원한 소리를 내며 수곽으로 떨어집니다. 오늘도 수곽에서 흐르는 단물은 한여름 목마른 이들의 갈증을 시원하게 풀어주고 괴로운 마음의 열기도 잠시나마 식혀주겠지요.

어둡고 긴 파이프를 통과해 시원한 물로 많은 이들에게 이익을 주는 수곽을 보며, 부처님이 가르치신 인욕을 생각해봅니다.

스승은 이렇게 말씀하셨습니다.

> 남을 원망하지 말라.
> 남들이 나를 원망하여도
> 그에게 원망으로 갚지 말라.

악을 보더라도 악한 마음을 내지 말고
마땅히 교만한 마음을 굴복시켜야 한다.

원망하지도 해치지도 않으면
성자의 지위에 이를지니.

누가 나쁜 마음으로 성을 내도
큰 바위처럼 마음이 흔들리지 않게 하라.

유능한 마부가 달리는 말을 멈추듯
화가 치밀어 오를 때
자신의 마음을 잘 다스려 참아 이겨내야 한다.

_『잡아함경』

수곽에서 흐르는 물처럼 시원하고 편안한 마음이 여러분과 항상 함께하길 기도합니다.

"그것이 나에게 오지 않으리라"라고
선을 가볍게 여기지 말라.
물방울이 떨어져 물 단지가 가득차듯이
지혜로운 이는 조금씩 조금씩 쌓아
자신을 선으로 가득 채운다.

—

『법구경』

삶에

꼭 필요한 것

산중 토굴에 살다보면 사는 데 가장 필요한 게 무엇인지 금방 알게 됩니다. 그건 바로 물입니다. 예전에 제가 살던 토굴에서는 물이 귀했습니다. 식수를 받아 오던 샘이 하나 있었는데 겨울이 다가오자 갑자기 물이 말라버렸습니다. 물이 없으면 그 토굴을 떠날 수밖에 없어서 정말 고민이었습니다. 그런데 운이 좋게도, 그 토굴 주위 산기슭에서 물이 졸졸 나오는 샘을 발견했습니다. 그래서 그곳에서 그해 겨울을 날 수 있었습니다. 하지만 워낙 물이 귀하다보니 물이 제대로 나오는지 매일 살펴보게 되었습니다.

사람들은 정말 필요한 것, 정말 중요한 것을 놓치고 사는 경우가 많은 것 같습니다. 예를 들어, 친구나 동료들은 열심히 챙기면서 정작 평생 자신을 따뜻하게 돌봐준 부모님에게는 고마움을 잘 표현하지 못하는 경우가 많지요. 늘 곁에 있어 부족함을 느끼지 못하기에 그 소중함을 잘 모르는 것입니다.

사람들은 '희소성' 있는 것이 가치 있는 것이라고 착각하기 쉽습니다. 한정판 명품 가방이나 몇 캐럿짜리 다이아몬드처럼 말이죠. 이런 것들은 없어도 살아가는 데 아무 지장이 없지만 아주 비쌉니다. 물이나 공기 같은 것은 금전적으로 따지면 거의 공짜나 다름없지만, 이것들이 없으면 우리는 생명을 유지할 수가 없습니다. 하지만 언제나 우리 곁에 있기에 그 가치를 잊고 삽니다. 역설적이게도, 우리 삶에 정말 필수적인 것들은 싸고, 없어도 되는, 별 필요 없는 것들은 정말 비쌉니다.

어쩌면 우리는 삶에 정말 필요하고 소중한 것이 아니라, 쉽게 가질 수 없기에 가치 있어 보이는 것을 얻으려고 많은 시간을 허비하고 있는지도 모릅니다.

우리는 습관적으로 자신을 남들과 비교하곤 합니다. 아무 생각이 없다가도 남들이 뭔가를 가지고 있다는 얘기를 들으면 자기도 가지고 싶다는 욕망이 발동하지요. 여기서 괴로움과 번민이 생겨납니다.

비교는 지금 자신이 가지고 있는 것의 가치를 보지 못하게 하고, 신기루를 좇듯 내가 가지지 못한 것을 좇게 만듭니다. 그러면 항상 불안하고 불만족스럽습니다.

비교하는 마음을 버리고 항상 이 자리에 만족하려 노력해보세요. 그러면 정말 소중한 것이 명확하게 보이고 마음에 평화와 행복이 깃들 것입니다.

2년간 머물던 절을 떠나며 짐을 정리하게 되었습니다. 이따금 짐 정리를 하다보면 불어난 짐 때문에 마음이 무거워지곤 합니다. 스님들은 수행자라면 짐이 적어야 한다는 일종의 강박관념을 갖고 있습니다. 부처님과 위대한 스승들이 소유물이 적은, 소박하고 간소한 삶을 강조했기 때문입니다. 부처님도 왕자로서 가졌던 모든 소유물을 버리고 수행자로서 매우 검박한 삶을 사셨습니다.

새들이 두 날개만으로 날듯이, 삼의일발(옷 세 벌과 발우 하나)만 지니고 사는 것이 가장 이상적인 수행자의 모습이라고 합니다. 그래서 여기저기 수행처를 옮겨다니며 명상하는 운수납자들은 짐이 많은 것을 부끄러워하지요. "내 짐은 다섯 상자다" 하면 짐이 많은 축에 속합니다. "내 짐은 한 상자야"라고 하면 모두들 부러워합니다.

명상을 하며 선원을 옮겨다니는 수행자들은 그나마 짐이 적은 편입니다. 한곳에 오래 머무는 주지 스님이나 소임을 맡은 스님들은 머무는 기간에 비례해 짐이 점점 늘어납니다. 짐이 늘어나는 만큼 마음의 짐도 늘어나지요.

짐을 정리하다보면 없어도 사는 데 아무런 지장이 없는 것들이 대부분입니다. 그런데 이것이 있으면 좀더 편리할 것 같아 이것저

것 사들이다보면 편리함은 금세 사라지고 물건들이 마음을 짓누릅니다.

처음에는 내가 물건의 주인이었지만, 점차 물건이 공간을 차지하고 마음을 점령하면서 주객이 바뀌게 됩니다.

절에 있다가 바깥사람들의 집을 방문해서 집안에 걸려 있는 옷가지들을 보면 머리가 지끈거립니다. 다양한 색상과 디자인의 옷들을 갖고 있다면 어떤 옷을 입을지 고르는 데 얼마나 신경이 쓰일까 하는 생각이 드는 것이지요. 스님의 옷은 디자인과 색상이 거의 같아서 옷을 입는 데 거의 신경이 쓰이지 않습니다. 옷걸이에 걸려 있는 대로 입으면 되니까요.

머리 모양도 마찬가지입니다. 스님은 머리가 없으니 세수하면서 머리를 쓱 한번 씻으면 그만이고 머리 모양에 신경쓸 필요가 전혀 없습니다. 그저 열흘이나 보름에 한 번씩 삭발만 하면 모든 것이 해결되지요. 이렇게 선택이 줄어들면 마음이 여유롭고 평화로워집니다.

사사키 후미오라는 일본 사람이 쓴 『나는 단순하게 살기로 했다』라는 책을 읽은 적이 있습니다. 이 책의 저자는 원래 다른 사람들처럼 많은 것을 소유하며 살았는데, 소유물을 하나하나 버리면서 생활에 필수적인 것만 남기는 삶으로 전환했다고 합니다. 일반적으로 가진 것이 많으면 행복해질 거라 생각하지만, 그는 오히려 최소한의 것만 소유하는 삶으로 전환하고 나서 삶이 더 여유로워지고 행복해졌다고 설명합니다.

자신에게 정말 필요한 것이 무엇인지 되돌아볼 필요가 있습니다. 그리고 불필요한 것들을 하나하나 버려보세요.

불필요한 짐이 비워지고 공간도 비워지면서 마음을 채우고 있던 짐도 비워질 것입니다.

제가 머물고 있는 절에는 옛날 시골집 같은 오래된 건물이 한 채 있습니다. 70년도 더 된 건물이지요. 절에 새로 건물을 짓고 난 뒤로 방치했다가 얼마 전에 간단하게 수리를 해서 객실로 사용하고 있습니다.

이 절을 처음 지을 때 마을 사람들이 이 집을 직접 지었다고 합니다. 그래서인지 아주 소박합니다. 자연 재료인 나무와 흙으로 집을 지어서 방에 들어가면 몸도 마음도 정말 편안해집니다. 그리고 요즘 집들과 달리 천장도 낮고 방도 아담해서 어머니 품에 안겨 있는 듯 포근하고 아늑합니다.

하지만 옛집이 그렇듯 단열이 잘 안 돼서 외풍이 아주 심합니다. 벽체는 아주 얇고 문에는 창호지 한 장만 달랑 발라놓아서 겨울에는 방바닥이 지글지글 끓어도 방의 공기는 서늘합니다.

제가 어릴 때 살던 시골집이 꼭 그랬습니다. 한겨울에 아궁이에 불을 엄청 많이 때서 열기에 한지 장판이 눌어붙고 시커멓게 타들어갈 정도로 방바닥이 뜨거워도, 아침에 깨어보면 윗목에 둔 물그릇이 얼어 있곤 했습니다.

요즘에는 단열 기술이 발달해 한겨울에도 집이 따뜻해서 얇은 옷만 입고 지내는 경우가 많습니다. 요즘 집들은 옛집들에 비해 크고 따뜻하고 편리합니다.

하지만 외풍이 꼭 나쁜 것만은 아닌 것 같습니다. 어떻게 보면 외풍이 심하다는 건 신선한 공기가 방안으로 잘 들어온다는 의미이기도 하지요. 항상 깨끗하고 신선한 공기를 마시며 방에서 지낼 수 있는 것이지요.

이와 마찬가지로 세상의 모든 것들은 밝은 면과 어두운 면, 양면을 가지고 있습니다.

태어남은 늙음과 죽음을 담고 있고, 만남은 헤어짐을 예정하고 있습니다. 사랑의 행복은 이별의 아픔과 단짝이고, 성취의 만족감은 실패의 좌절감과 동행합니다. 이런 밝음과 어둠의 양면을 이해해야 우리 삶이 훨씬 평온해집니다.

좋은 일에도 우쭐하지 않고 나쁜 일에도 좀더 담담할 수 있는 것이지요. 날씨가 더웠다 추웠다, 맑았다 흐렸다 비가 왔다 하는 것처럼 끊임없이 엎치락뒤치락하는 것이 우리 삶입니다.

행과 불행, 좋음과 싫음을 이런 날씨처럼 보려 노력하면 지혜가 계속 자라납니다. 이 지혜가 우리 마음을 건강하고 평온하게 만드는 마음의 보약이 됩니다.

톨스토이가 만년에 쓴 단편 「세 가지 질문」에 나오는 질문입니다.

1. 이 세상에서 가장 중요한 때는 언제인가?

2. 이 세상에서 가장 중요한 사람은 누구인가?

3. 이 세상에서 가장 중요한 일은 무엇인가?

이 세 가지 질문에 대한 대답을 곰곰이 생각해보세요.

정답을 찾으신 분은 그 의미를 다시 한번 되새겨보시기를…….

본다는 것에
대하여

어떤 분이 제게 이런 얘기를 하더군요.

"스님, 저는 스님이 참 부러워요. 저도 스님처럼 이런 산중의 청정한 자연 속에 살고 싶어요. 그런데 다른 건 다 괜찮은데 뱀만 안 나왔으면 좋겠어요. 뱀은 정말 질색이거든요."

그런데 산중에서 사람이 살 만한 곳에는 뱀이 살기 마련입니다. 날씨가 좀더 따뜻해지면 뱀들이 모습을 드러내지요. 그러면 발밑을 잘 살피며 걸어야 합니다. 그렇지만 우리나라에서 보는 뱀은 사실 열대지방의 뱀들과 비교하면 아무것도 아닙니다.

스리랑카의 숲속 사원에서 명상한 적이 있습니다. 그곳은 정말 뱀 천국입니다. 그곳에는 눈에 잘 보이지 않는 실뱀부터 무시무시한 코브라까지, 크기도 모양도 다양한 뱀들이 출몰합니다.

어느 날 사원의 한 스님이 아주 작은 실뱀에 물렸습니다. 실뱀의 몸통이 너무 가늘어서 나무 잔가지인 줄 착각하고 뱀을 밟아 물린 것이었지요. 그는 실뱀의 독 때문에 몸이 마비되어 며칠간 전혀 움직일 수도 없었습니다. 그 뱀이 눈에 잘 보일 만큼 컸다면 아마 물리지 않았을 것입니다. 뱀을 보고서 훌쩍 뛰어넘었겠지요.

우리 눈에 보이는 뱀이 지닌 독보다 눈에 보이지 않는 마음의 독이 더 위험할 수 있습니다.

욕심, 화 혹은 불만족, 어리석음이 보이지 않는 세 가지 마음의 독입니다.

뱀의 독처럼 눈에 보이는 독 또는 해로움은 그 위험을 알고 피하거나 조심하게 됩니다. 하지만 이 같은 마음의 독은 눈에 보이지 않기에 그 위험을 알기가 어렵습니다.

보이지 않으니 쌓이는 줄 모르고, 쌓이는 줄 모르니 중독되는 줄 모르고, 그래서 회복이 힘든 상태까지 갈지도 모릅니다.

뱀도, 보이지 않는 마음의 독도 조심해야 할 시절입니다.

어떤 분이 절 마당에 아주 작은 정원을 만들었습니다. 일본 교토에 있는 '료안지(龍安寺)'의 정원을 모티브로 만들었다고 합니다. 계곡에서 채집한 돌과 인연 따라 손에 들어온 이끼와 모래, 대나무를 이용해 만든 초미니 정원입니다.

그런데 이 미니 정원은 아주 가까이 눈을 대고 보면 완전히 다르게 보입니다. 푸른 숲 가운데 거대한 바위산들이 우뚝 솟은 절경이 펼쳐진 듯 보이는 것이지요. 다시 한 발짝만 물러서면 초미니 정원이 나타납니다.

거대한 바위산을 좋아하는 사람은 미니 정원에 눈을 바짝 붙이면 만족할 수 있고, 작고 아기자기한 것을 선호하는 이는 한발 떨어져 바라보면 만족할 수 있을 것입니다.

우리 삶에서도 클로즈업하면 좋은 것이 있고 멀리 떨어져서 보는 롱 숏이 좋은 것이 있습니다.

우리를 괴롭히는 부정적인 감정이나 생각들은 한발 떨어져서 보면 좋습니다. 슬픔, 분노, 무력감, 자책감 등 자신을 괴롭히는 감정이나 생각이 일어날 때는 롱 숏으로 보듯 이들을 지켜보세요. 그러면 이런 부정적인 감정과 생각들이 자신과 분리되면서 작게 느껴질 것입니다. 그러면 그런 괴로움들로부터 빨리 벗어날 수 있습니다.

긍정적인 감정이나 생각들은 마음의 눈으로 클로즈업시켜 보세요. 자비, 만족감, 자신의 장점, 생기발랄함 등 행복을 일으키는 것들은 마음의 눈을 최대한 가까이 대고 지켜보세요. 그러면 이런 감정이나 생각들이 점점 커져 여러분에게 더 큰 행복감을 가져다줄 것입니다.

이것이 마음을 잘 감상하는 방법이랍니다. 한번 시도해보세요.

남의 잘못을 들추고자 하는 사람은 다섯 가지를 알아야 한다.

1. 그 잘못이 거짓이 아닌 사실이어야 하고
2. 그 잘못을 지적하는 때가 적절해야 하고
3. 잘못한 이에게 도움이 되려는 의도를 가져야 하며
4. 잘못을 지적하는 말이 거칠거나 험하지 않고 부드러워야 하며
5. 미움에서가 아니라 사랑하는 마음에서 잘못을 지적해야 한다.

만약 남의 허물을 지적하는 사람이 이런 마음을 갖추고 있지 않으면

그 사람 역시 허물이 있다.

—

『잡아함경』

있는 그대로 보기

장성의 백양사 금강대에서 지낼 때였습니다. 금강대처럼 깊은 산중의 토굴에는 신비한 전설이 많이 전해 내려옵니다. 어느 산중 토굴에서는 한밤중에 돌들이 공중에 날아다닌다는 전설이 전해 오기도 하고, 어느 토굴에서는 귀신들이 무서운 소리를 내고 방해하는 바람에 수행하러 간 스님들이 사흘 이상 버티지 못하고 줄행랑쳤다는 유명한 이야기도 있습니다. 또한 홀로 토굴에서 수행하다 깜깜한 밤중에 허공에서 빛나는 도깨비불을 봤다는 소문들도 전해옵니다.

제가 금강대로 올라가 생활하기 전에 같은 산중에 있는 큰절인 백양사에 들러 스님들과 차를 한잔하며 담소를 나눌 기회가 있었습니다. 이런저런 얘기를 나누던 중 한참 선배인 스님이 이런 말을 했습니다.

"깊은 산중에서 혼자 사는 게 쉽지 않을 텐데……. 혼자 그런 데서 수행하다보면 별별 일도 다 생기고 별별 생각이 다 들어. 나도 금강대 같은 산중 토굴에서 혼자 지내본 적이 있는데 만만치 않더군. 한밤중에 방안에서 참선을 하고 있는데 토굴 근처 대나무 숲에서 아기 울음소리가 나더라고. 온몸이 오싹해지데. 그래도 호기심을 못 참고 문을 열고 대나무 숲 쪽으로 다가갔지. 그런데 아무 소리도 안 들리는 거야. 그래서 다시 방안으로 들어갔지. 그런데 얼마 지나지 않아 다시 아기 울음소리가 들리는 거야. 미치겠더라고. 이제 다시 밖으로 나갈 용기는 안 나고, 참선으로 무서운 마음을 없애려 했지. 그런데 그게 쉽게 되나?"

"하하하!"

저와 그 스님은 동시에 웃음을 터뜨렸습니다. 그러고는 스님이 계속 말을 이었습니다.

"그래서 그런지 거기서 얼마 못 살았어. 젊은 수좌도 금강대에서 혼자 살려면 마음을 단단히 먹어야 할 거야."

"네, 잘 알겠습니다, 스님."

저는 스님의 말을 재미있게 듣기는 했지만 토굴에서 혼자 살 일이 걱정되지는 않았습니다. 이런 생각이 들었습니다.

'산중 토굴에서 스님들을 놀라게 하는 존재들도 모두 번뇌로 고통받는 중생들이 아닌가.'

선배 스님의 조언을 뒤로하고 어깨에 걸망을 메고 금강대로 걸어 올라갔습니다. 등이 땀으로 젖을 즈음 마침내 금강대에 도착했습니다. 이전에도 답사차 들르기는 했지만, 앞으로 수행할 토굴은 너무나 완벽해 보였습니다.

양지바른 산중턱에 자리잡은 토굴은 동쪽으로 절경인 바위 봉우리들을 바라보고 있었습니다. 그리고 혼자 수행하기에 적당한 규모와 구조를 가진 건물이 터에 소박하게 자리잡고 있었고, 공양에 필요한 채소를 키울 수 있는 조그만 텃밭까지 갖추고 있었습니다. 더군다나 사람들이 절대로 찾을 수 없는 위치는 수행처로서 화룡점정이었습니다.

방에 짐을 풀고 토굴 여기저기를 찬찬히 살펴보고는 방을 데우기 위해 창고에서 장작을 가져와 아궁이에 불도 지폈습니다. 그러다보니 곧 주위가 어둑어둑해졌습니다. 방안으로 들어와 방바닥에 손을 대보니 구들장에서 따뜻한 온기가 느껴졌습니다. 그곳에서 지내는 첫날밤이었지만 전혀 긴장되지 않았고, 어린 시절 고향집 온돌방에 있는 듯 편안하게 느껴졌습니다. '나하고 인연이 있는 터구나' 하는 생각이 들었습니다.

이내 산중에 짙은 어둠이 내렸습니다. 저는 깜깜한 어둠속에서 명상을 하고 싶어 불을 끄고 좌복 위에 앉았습니다. 아무도 없는 깊은 산중 토굴의 방안, 어둠 속에서 홀로 좌정하니 마음이 저절로 평화롭고 고요해졌습니다.

'이것이야말로 진짜 수행자의 삶이지. 전생에 내가 얼마나 많은 공덕을 쌓았기에 이런 곳에서 수행할 수 있단 말인가? 아, 행복하다. 정말 행복하다.'

완벽한 수행처에 있다는 행복감에 이런 생각이 들었습니다.

그렇게 완벽한 곳에서 수행하는 기쁨을 만끽하고 있을 때였습니다. 명상을 할 때는 눈을 감는데, 눈을 감은 상태에서도 어둠속에서 뭔가 번쩍하는 빛이 느껴졌습니다. '도대체 뭐지?' 하는 궁금

한 마음에 눈을 떴습니다. 눈을 뜨니 깜깜한 어둠밖에 보이지 않았습니다.

'내가 뭔가 착각했나?' 하고는 다시 눈을 감고 명상을 시작했습니다. 얼마 지나지 않아 다시 어둠속에서 번쩍번쩍하는 빛이 느껴졌습니다. 이번에는 아까보다 좀더 길게 그런 현상이 나타났습니다. 그래서 다시 눈을 떴습니다. 여전히 눈앞에는 칠흑 같은 어둠뿐이었습니다.

'도대체 이게 뭐지?' 하는 생각과 함께 과거 여러 스님들로부터 들었던 외딴 토굴의 전설들과 백양사 선배 스님의 이야기가 떠올랐습니다.

'도깨비불인가? 산중의 정령들이 장난을 치나? 아니면 떠도는 영혼들일까? 성격이 괜찮은 존재일까, 아니면 괴팍할까?'

생각은 이렇게 멀리 뻗어나가기 시작했습니다. 마음속에서는 약간의 두려움과 긴장감이 스멀스멀 일어나기 시작했습니다.

눈을 감으면 이내 번쩍하는 빛이 감지되고 눈을 뜨면 번쩍이는 빛은커녕 반딧불만한 빛조차도 보이지 않고 어둠만이 주위를 뒤덮고 있었습니다. 이런 현상이 계속 반복되었습니다. 그러자 이런 생각이 마음속에 떠올랐습니다.

'부처님 법을 공부하는 수행자를 이런 존재들이 해치기야 할까. 이런 현상에 신경쓰지 말고 명상하면서 틈틈이 자애의 마음을 주위로 보내다보면 언젠가 이런 현상도 사라지겠지.'

그다음 날에도 역시 한밤중에 똑같은 현상이 나타났습니다. 눈을 감은 상태에서 빛이 나타날 때 한두 번 정도 눈을 뜨기는 했지만, 전날 마음먹은 바가 있는지라 명상을 하는 대부분의 시간 동안은 번쩍거리는 빛이 감지되어도 신경쓰지 않고 명상에만 집중했습니다.

사흘째부터는 빛이 번쩍거려도 눈을 전혀 뜨지 않고 명상에만 매진했습니다. 그렇게 열흘 정도가 흘렀습니다. 매일 밤 나타나는 번쩍거리는 빛은 사라질 기미를 보이지 않았습니다.

'이런 존재들이 금강대에 깊은 집착을 갖고 있나? 아니면 내가 그들에게 보내는 자애의 마음이 너무 약해서인가? 시간이 더 필요한가?'

이런저런 생각이 들었습니다.

그날 밤도 역시나 어둠속에서 눈을 감고 명상을 시작하자 이내 빛이 번쩍거리기 시작했습니다. 그 빛의 정체를 파악하려는 생각은 일찌감치 접었습니다. 그러다 눈을 뜨고 명상하면 어떨까 하는 생각이 들었습니다. 그래서 눈을 뜨고 명상을 하기 시작했습니다. 그런데 천장 쪽에서 번쩍 빛이 나타났습니다. 천장을 쳐다보니 다시 번쩍!

드디어 빛을 내는 그 존재와 정면으로 마주하게 되었습니다.

그 존재는 정말 놀랍게도…… 바로 형광등이었습니다.

"허허허……."

저는 허탈한 웃음을 터뜨렸습니다.

형광등이 고장나서 스위치를 꺼도 불규칙적으로 번쩍거리는 것이었습니다.

'이렇게 황당할 수가. 고장난 형광등이 번쩍인 것을 가지고 도깨비불이니 정령이니 영혼이니 별 생각을 다하다니 참. 바보다, 바보야.'

다음날 새 형광등으로 싹 바꾸었습니다. 그리고 밤이 되어 형광등을 끄자 이제는 더이상 번쩍이는 도깨비불이 나타나지 않았습니다. 이렇게 도깨비불을 퇴치할 수 있었습니다.

현상을 있는 그대로 보지 못하면 별 황당한 생각을 하기 마련입니다. 뭔가 문제가 생기면 엉뚱한 곳에서 그 원인을 찾고 잘못된 해결책을 고안해냅니다. 그리고 그 잘못된 해결책으로 문제를 해결했다고 착각합니다. 우리 삶이 거의 그러합니다.

깨닫지 못한 이들은 욕심과 성냄과 어리석음의 티끌들로 눈이 가려져, 우리 몸과 마음의 본질을 있는 그대로 보지 못합니다. 욕심과 성냄과 어리석음은 견해와 관점을 왜곡하여 고통스러운 것을 즐거운 것으로, 일시적인 것을 영원한 것으로, 내 것이 아닌 것을 내 것으로 착각하게 만듭니다. 이러한 왜곡과 착각은 삶에 갖가지 문제와 고통을 가져옵니다.

부처님께서는 우리가 몸과 마음의 본질을 있는 그대로 보게 하기 위해 많은 가르침을 설하셨습니다. 그 가르침의 핵심에 바로 여덟 가지 바른 길, 즉 팔정도(八正道)가 있습니다. 이러한 팔정도 명상은 지혜의 눈을 가리는 무명의 티끌들을 모두 걷어내 제법의 본질을 있는 그대로 보게 해줍니다. 제법을 있는 그대로 보는 지혜는 모든 고통을 소멸시키고 궁극적인 행복인 열반에 이르게 합니다.

번쩍하는 빛이 고장난 형광등에서 나온다는 것을 있는 그대로 보고 새 형광등으로 교체하여 허망한 불안과 걱정에서 즉시 벗어나듯이, 팔정도 명상으로 우리 몸과 마음의 본질을 있는 그대로 보는 지혜를 길러 불필요한 고통에서 벗어나 행복을 누리시기 바랍니다.

마음의 평화는 숲속이나
산꼭대기에 있는 것도 아니고
스승이 줄 수 있는 것도 아니다.

평화는 고뇌하고 고통받는
바로 그 자리에 있다.

고통을 경험하면 고통으로부터
자유로워질 수 있다.
고통에서 도망치려는 것은 사실
고통으로 돌진하는 것이다.

—

아잔 차

다르게
보기

한동안 주지로 제법 바쁜 시간을 보내다 얼마 전에 주지 소임을 놓고 조용한 산중으로 들어왔습니다. 조용히 혼자 지내는 시간이 많아지면서 한거(閑居)에 대해 다시 한번 생각해보게 됩니다. 예전에 저는 깊은 산중 토굴이나 고요한 숲속 사원에서 홀로 지내며 명상하는 시간을 많이 가졌습니다. 그런 곳에서 살면 처음에는 정말 심심합니다! 즐길 것이 거의 없기 때문이지요.

사람들과 함께 지낼 때는, 얘기도 하고 이런저런 구경도 하고 책도 보고 신문도 보고, 감각을 자극하며 즐길 것들이 너무 많습니다. 하지만 산중에서 홀로 살면 이런 자극들이 대부분 사라져 무료하고 심심합니다. 그러면 마음이 좀더 미세하고 섬세한 대상에서 재미를 찾기 시작합니다.

풀잎에 맺힌 이슬이 눈에 보이기 시작하고, 수줍게 피는 들꽃이 어떤 명화보다 아름답게 보입니다. 땅을 기어다니는 조그만 개미가 너무나 신비롭게 느껴지고 흐르는 계곡물 소리가 감미로운 발라드 곡보다 더 감미롭게 들립니다.

마음이 방탕하게 즐길, 거친 놀잇거리를 찾지 못하니, 이제 순수하고 섬세한 자연에서 즐길 거리를 찾는 것입니다.

아이들이 어떤 친구들과 어울리느냐에 따라 그 행동이 달라지듯이, 우리 마음도 주로 무엇을 가지고 즐기느냐에 따라 그 행동이나 성격이 달라집니다. 자연을 가지고 놀고 즐기기 시작하면, 마음이 좀더 순수하고 담백하고 평화롭게 변합니다.

그리고 자연을 계속 즐기다보면 이것도 무료해져서 마음이 내면을 향하게 됩니다. 마음을 평화롭고 행복하게 만드는 명상을 아는 사람이라면, 명상이 무료함을 없애주는 가장 큰 즐거움이 됩니다.

이럴 때는 명상이 너무 쉬워집니다. 밖의 것들이 별로 재미가 없어서 마음이 저절로 내면에 머물게 되어 쉽게 명상이 되는 것입니다. 그러면 명상을 통해 세상에서 경험할 수 없는 고요와 평화와 행복을 경험할 수 있습니다.

여러분은 출가한 저와는 상황이 다르기 때문에 이렇게 홀로 긴 시간을 보내기는 힘들 것입니다. 하지만 시간이 허락하는 대로 가끔은 아무것도 하지 말고 자신을 심심하게 만들어보세요.

텔레비전과 컴퓨터를 끄고, 휴대폰도 끄고, 책과 신문도 보지 않고, 멈추는 시간을 가져보세요. 심심해서 자꾸 무언가를 하고 싶어도 그런 마음을 멀리 던져버리세요.

그러면 흙탕물을 가만히 내버려두면 흙이 저절로 가라앉아 물이 맑아지듯, 심심함과 무료함이 서서히 사라지고 마음이 점점 고요하고 평화로워질 것입니다. 그리고 마음이 내면으로 향하기 시작할 것입니다.

이때부터 자신을, 자신의 마음을 제대로 보기 시작합니다. 그리고 여기서 지혜와 통찰이 생길 것입니다.

자신을 보려는 자, 심심해지십시오.

몇 해 전 혼자서 인도 불교 성지순례를 다녀온 적이 있습니다. 성지순례중에 부처님이 가장 오래 머무르신 '기원정사'가 있는 쉬라바스티에 가게 되었습니다. 쉬라바스티에는 '천축선원'이라는 한국 절이 있는데 거기서 열흘 정도 머물게 되었습니다.

그때 마침 성지순례중인 선원 수좌 스님 한 분이 그 절에서 한 달 정도 머물고 계셨습니다. 그 스님은 며칠 뒤 다른 곳으로 떠날 예정이었는데, 떠나기 전에 신세를 진 절에 소를 한 마리 선물하고 싶다며 이렇게 말했습니다.

"스님! 제가 절에 소를 한 마리 사주려 해요. 절에서 짜이(chai, 우유에 홍차와 향신료, 설탕 등을 넣고 끓인 인도식 밀크티)를 끓여 먹으려고 마을에서 우유를 매일 8리터쯤 산다고 하네요. 큰 물소 한 마리만 있으면 그 정도 우유는 매일 충분히 얻을 수 있대요. 소값도 우리나라에 비하면 훨씬 싸고요. 차로 이십 분 정도 가면 우시장이 있다고 하니 소를 사러 같이 가시겠어요?"

그래서 며칠 뒤 그 스님과 함께 근처 우시장에 가게 되었습니다. 건물 하나 없는 인도의 우시장은 소를 팔려는 사람들과 사려는 사람들, 그리고 소들로 가득차 있었습니다. 그런데 한쪽에 대바구니를 머리에 인 대여섯 살쯤 돼 보이는 귀여운 여자애가 눈에 띄었습니다. 그 꼬마는 예쁜 눈을 반짝이며 소를 지켜보고 있었습니다.

그런데 소가 똥을 한 무더기 싸자마자 그 꼬마는 그곳으로 재빨리 달려갔습니다. 그리고 놀랍게도 그 고사리 같은 손으로 김이 모락모락 나는 소똥을 거리낌없이 집어 대나무 바구니에 담는 게 아니겠어요? 그러고는 저쪽에 있는 소가 똥을 싸자 그곳으로 달려가 다시 소똥을 바구니에 담았습니다. 다른 사람들이 소똥을 주워갈까봐 여기저기 쫓아다니며 소똥을 줍고 있었습니다.

처음에는 조그만 꼬마가 물컹물컹한 소똥을 줍는 모습에 놀라기도 했지만 이내 왜 그러는지 이해가 되었습니다. 인도는 빈부 격차가 매우 심해서, 엄청난 부자들도 많지만 이런 시골에는 절대적으로 가난한 사람들이 많습니다. 가난한 사람들은 아직도 소똥으로 집의 벽을 바르기도 하고, 소똥을 말려서 난방이나 조리용 연료로 사용하기도 합니다. 소는 풀만 먹고 살기 때문에 똥에서 고약한 냄새가 거의 나지 않아 이렇게 사용할 수 있는 것이지요.

우리가 혐오하는 소똥도 이처럼 어떤 이들에게는 든든한 벽이 되고, 몸을 데워주고 음식을 만들어주는 연료가 됩니다. 이들에게는 소똥이 소가 주는 소중한 선물이지요. 어떻게 보면 그들은 물질적으로 결핍되어 있기에 어떤 것의 가치를 발견해내는 눈이 더욱 밝은지도 모릅니다.

여러분도 주위를 한번 둘러보세요. 평범하고 가치 없는 것처럼 보이는 대상이나 사람일지라도 다른 관점과 따뜻한 시선으로 바라보면 숨겨진 보물을 발견할 수 있지 않을까요.

스리랑카의 숲속에서 명상할 때 일입니다. 저는 거기서 명상하면서 음식 때문에 정말 고생했습니다. 스리랑카 음식이 몸에 맞지 않아 살이 빠지고 몸이 점점 허약해져갔습니다. 이렇게 여러 달이 지나자 몸이 거의 한계에 도달했습니다. 이 사실을 안 도반 스님이 한국에서 라면을 부쳐주었습니다. 저는 한국에 있을 때 라면을 그리 좋아하지 않아서 거의 먹지 않았습니다. 그리고 라면을 먹으면 소화도 잘 안 되었지요. 하지만 도반이 스리랑카로 부쳐준 라면을 일주일 정도 먹자 몸에 기운과 활기가 생기기 시작했습니다. 아주 귀한 보약 한 제를 먹은 듯 말이지요.

한국에서는 몸에 맞는 음식을 먹고 지내다보니 특별히 부족한 영양소가 없었습니다. 그래서 라면을 먹는 것이 건강에 별로 도움이 되지 않았지요. 그렇지만 스리랑카라는 특수한 환경에서는 영양이 너무 부족하다보니 칼로리가 높은 라면으로 몸을 회복할 수 있었던 것입니다.

어떤 것이 지닌 가치가 지금 현재에는 빛을 발휘하지 못한다고 해서 그것이 전혀 가치가 없는 건 아닐지도 모릅니다. 보잘것없고 하찮아 보이는 것일지라도 어떤 상황, 어떤 누군가에게는 정말 가치가 있을 수도 있습니다.

사람이든 물건이든 어떤 상황이든, 그것이 지닌 가치를 너무 쉽게 판단하지 말아야겠습니다. 때로는 라면도 보약이 되니까요.

대지는 깨끗한 것도 받아들이고 더러운 똥오줌도 받아들인다.

하지만 대지는 '이것이 깨끗하다'거나 '이것이 더럽다'라고

분별하여 좋아하거나 싫어하지 않는다.

이처럼 명상하는 사람은 대지와 같은 마음을 가져야 한다.

—

『증일아함경』

놓아버리기

오랫동안 알고 지낸 한 교수님이 있습니다. 이분은 며칠에 한 번씩 태극권 도장에 나가 태극권을 단련하곤 합니다. 한번은 이 교수님이 도장에서 일어난 일을 들려주었습니다.

그날은 태극권 수련자들 간에 대련이 있는 날이었습니다. 보통은 일대일로 대련을 하고, 대련이 끝나면 새로운 두 사람이 대련을 합니다. 그런데 그날따라 태극권을 가르치는 사범이 한 수련생이 연속으로 여러 수련생을 상대하게 했습니다. 한 사람과 대련이 끝나면 그다음 사람과 대련을 하고, 다시 다음 사람과 대련을 하고……. 이렇게 혼자서 여러 명을 상대하고 나서야 대련을 멈추게 했고, 그 수련생은 녹초가 되어 가쁜 숨을 몰아쉬었습니다.

그런데 그때 사범이 그 수련생에게 이상한 말을 했습니다.

"많이 지쳤죠? 이제 제대로 태극권을 할 수 있을 거예요. 다시 한번 대련을 해보세요."

지친 수련생은 무거운 몸을 일으켜 새로운 상대와 대련을 시작했습니다. 그런데 이 수련생의 몸놀림이 놀랍도록 빨라지고 물 흐르듯 부드러워졌습니다. 그리고 그 힘도 더 강해졌습니다. 그는 평소에 본인이 도저히 낼 수 없는 실력으로 손쉽게 상대를 제압했습니다. 이 광경을 보고 대련을 지켜보던 모든 수련생들은 놀랐고 그 자신도 놀랐습니다.

'에너지를 완전히 소진한 몸으로 어떻게 평소보다 뛰어난 실력을 발휘하지?' 하며 모두 태극권 사범을 쳐다봤습니다. 그는 수련생들의 시선에 이렇게 답했습니다.

"이게 태극권에서 얘기하는 '방송(放松)'입니다. 놓을 '방(放)'에 놓을 '송(松)' 자를 쓰죠. 방송은 모든 긴장을 놓아버리고 몸에서 힘을 완전히 빼는 것을 의미해요. 그렇게 힘을 완전히 빼서 몸이 물처럼 부드러워지면 몸의 '기'가 자연스럽게 운용되고 거기서 엄청난 속도와 힘이 나오지요. 하지만 초보자는 몸에서 힘을 빼기가 힘들어요. 이 수련생도 초보자여서 처음에는 몸에서 힘을 빼지 못했지요. 하지만 여러 번 대련을 하면서 몸이 완전히 지쳐버리자 온몸의 긴장이 모두 녹아버리고 몸에서 힘이 완전히 빠졌어요. 그래서 방송을 할 수 있었던 것이고, 놀라운 실력을 발휘할 수 있었어요."

태극권에서 말하는 것처럼 진정한 강함은 단단함에서 나오는 것이 아니라 부드러움에서 나옵니다. 긴장이 아니라 이완에서 나오는 것이지요.

우리 마음도 마찬가지입니다. 사람이 나이들고 늙어 죽음에 가까워지면서 피부도 근육도 점점 딱딱하게 굳어 몸의 생명력이 약해지는 것처럼, 긴장되고 완고하게 굳어진 마음은 순수하고 강력한 마음의 잠재력을 가려버립니다.

생명력 가득한 갓난아기의 피부처럼 부드러운 마음에서 우리 마음의 순수한 에너지가 샘솟게 되지요. 이런 상태에서 마음에 잠재된 순수한 힘인 고요, 몰입, 즐거움, 행복이 생깁니다.

마음에서 힘을 쭉 빼고 긴장을 풀어 마음을 부드럽게 만들어보세요. 특히 명상은 이렇게 마음을 부드럽게 이완시키고 순수하게 만들어 우리 정신에 내재된 강력한 힘을 계발해줍니다. 한번 시도해보세요.

어느 날 노신사 한 분이 절로 찾아오셨습니다. 제 페이스북에서 우연히 명상센터 소개를 보고 멀리서 찾아온 것이었지요. 사연을 들어보니 이분은 오랫동안 영적 추구를 해온 분이었어요. 가톨릭 신자로서 기도나 묵상도 오래 해왔고, 목사님의 설교나 스님의 법문도 많이 들으며 다양한 종교의 가르침을 섭렵해온 분이었지요. 그 과정에서 우여곡절도 많았고요.

이분이 이런 말씀을 하시더군요.

"스님, 제가 신부님도 만나보고 목사님의 설교나 스님의 법문도 들어보면, 나름대로 배울 점이 있긴 하지만 모두 일종의 틀에 갇

혀 있는 듯 느껴졌습니다. 저는 이게 항상 불만이었고, 이런 틀들을 넘어서고 싶습니다. 아직 여기에 걸려서 정신적 방황을 멈추지 못하고 있습니다. 그리고 제 마음도 차갑고 어두워 고민과 괴로움에서 벗어나지 못하고 있습니다. 제가 어떻게 해야 할까요?"

저는 이런 얘기를 해드렸습니다.

"신부님도 목사님도 스님도 선생님이 원하는 대로 변화시킬 수는 없습니다. 추위를 죽도록 싫어하는 사람이 겨울을 건너뛰고 가을 다음에 바로 봄이 오기를 아무리 원해도 그것은 이루어질 수 없지요. 자연의 원리와 법칙에 따라 눈이 올 때가 되면 눈이 오는 것이고, 땅이 풀리고 새싹이 돋을 때가 되면 저절로 그렇게 되는 것이지요. 남들의 생각을 내 뜻대로 바꾸는 것은 불가능한 일입니다. 불가능한 일을 가능한 것처럼 착각해서 계속 원하면 고통을 불러일으킬 뿐입니다.

그리고 어떤 틀을 넘어서려는 목표를 욕망하는 마음도 놓아버리세요. 설령 원하는 목표에 도달한다 하더라도 새로운 목표가 나타날 것입니다. 그리고 그 목표를 넘어서면 다시 새로운 목표가 나타나지요. 이런 식으로 계속 새롭게 등장하는 목표를 향해 달려가다 인생이 끝날 것입니다. 잠시도 휴식하지 못한 채로요.

어떤 틀을 넘어서려는 욕망이 심적인 방황과 고통의 큰 원인일 거예요. 무언가를 원하면 거기에는 항상 고통이 따르지요. 만약 마음에 어떤 장애나 고통이 생긴다면 자신의 마음을 한번 살펴보세요. 그러면 항상 무언가를 갈구하고 원하는 마음을 발견할 수 있을 것입니다.

자신이 원하는 목표에 도달하기 위해서는 항상 그 원인에 초점을 맞춰야 해요. 수학 시험을 잘 보고 싶은 학생이 만점을 맞고 싶다는 소원을 품는 것만으로는 시험을 잘 보지 못하죠. 꾸준한 공부가 쌓여서 그것이 바탕이 되어 시험을 잘 보게 되는 것입니다. 마찬가지로 영적 발전과 마음의 평화 혹은 행복을 바란다면 그것을 가능하게 하는 원인을 실천해야 합니다. 불교 명상의 측면에서 말하자면 명상에 대한 바른 이해와 실천이 되겠지요."

그러자 노신사는 고개를 끄덕이며 말했습니다.

"네, 스님. 남이 아니라 제 마음을 바꾸어야겠습니다. 작은 깨달음을 얻은 것 같습니다. 감사합니다."

강렬한 욕망은 시뻘겋게 달궈진 쇳덩어리와 같습니다. 뜨거운 쇳덩어리를 맨손으로 잡고 있으면 손이 타들어가 고통스럽지요. 맨손으로 불타는 쇳덩이를 잡고서 고통에서 벗어날 방법은 없습니다.

용기를 내어 그 뜨거운 쇳덩이를 한번 놓아보세요. 그 놓아버림이 여러분을 고통에서 벗어나게 하고, 자유와 행복을 선사할 것입니다.

옆이 트인 쳇바퀴 위를 다람쥐가 달리고 있습니다. 달려도 달려도 항상 제자리입니다.

온 힘을 다해 앞으로 달리면 쳇바퀴를 벗어날 수 있으리라 기대하지만 언제나 제자리입니다. 아직 속도를 덜 내서 그런 거라고 생각하고 다람쥐는 잠시 쉬었다 다시 달리기 시작합니다.

명상을 하는 이도 마찬가지입니다. 앞만 보며 열심히 하기만 하면 명상이 발전해서 마음이 평화롭고 행복해지리라 생각하지만, 자신의 마음은 항상 제자리에 머물러 있습니다. 노력이 부족해서 그런 거라고 자책하며 더욱 애를 씁니다.

사실 다람쥐가 쳇바퀴를 벗어나지 못하는 것은 빨리 달리지 않아서가 아니라 달리는 방향이 잘못되었기 때문입니다. 다람쥐는 옆으로 몇 발자국만 가면 쳇바퀴를 벗어날 수 있습니다.

다람쥐와 마찬가지로 명상을 하는 이들도 잘못된 견해로 인해 끝없이 고통의 쳇바퀴를 도는 경우가 많습니다. 욕심, 원하는 마음, 불만, 싫어하는 마음 등 독과 같은 마음 때문에 수행자는 고통의 쳇바퀴를 끝없이 돕니다. 이렇게 해서는 아무리 노력해도 고통의 쳇바퀴에서 벗어날 길이 없습니다.

여기서 벗어나려면 다른 길을 가야 합니다. 그 길은 바로 놓아버림의 길입니다. 놓아버림은 욕심과 불만을 놓아버리고 모든 것에 만족하는 것입니다. 모든 대상에 조건 없는 자애를 보내는 것입니다. 고요와 평정심을 유지하는 것입니다.

자신이 얻은 것을 경시하지 말라.

다른 사람을 부러워하며 살지 말라.

다른 사람을 부러워하는 비구는 삼매를 얻지 못한다.

비록 조금 얻었더라도

비구가 얻은 것을 경시하지 않으면

신들도 부지런하고 청정한 삶을 사는 그를 칭찬한다.

—

『법구경』

행복을 바라는
따뜻한 마음

야구를 할 때 스트라이크가 세 개가 되면 심판은 "스트라이크 아웃!"을 외칩니다. 그러면 아웃이 된 타자는 다음 선수에게 자리를 비켜줘야 합니다.

우리도 일상에서 마음속으로 "스트라이크 아웃!"을 외칠 때가 많습니다. 특히 자기 자신에게 그럴 때가 많지요.

흔히 이런 생각을 하는 사람들이 많은 것 같습니다.

'한두 번의 실수나 잘못은 용서하겠지만 세번째는 더이상 용서할 수 없어.'

자신이 어떤 실수나 잘못을 할 때 한두 번은 그러려니 하고 넘어가지만, 실수나 잘못이 세 번, 네 번, 다섯 번…… 이런 식으로 계속 반복되면 자신을 자책하고 벌을 줍니다.

'넌 이것도 못하니? 그렇게 의지가 약해서 뭘 할 수 있겠어? 넌 구제 불능이야. 넌 아무것도 못할 거야.'

사회에서 법을 어기면 처벌하는 것처럼, 우리는 마음속의 어떤 기준으로 일종의 법을 만들고, 그것을 어기면 스스로를 벌줍니다. 자신에게 화를 내고, 자신을 자책하고 비하하는 식으로 스스로를 벌주는 것이지요. 바로 여기서 마음의 많은 문제들이 생깁니다.

우울함과 불안, 강박과 공황장애 등 거의 모든 마음의 병들이 자신을 가혹하게 벌주는 데서 생깁니다. 몸에 끊임없이 작은 상처를 내다보면 몸이 아프고 병이 생기는 것처럼, 마음에 차갑고 가혹한 상처를 계속 주다보면 그것이 쌓여 크고 작은 마음의 병이 됩니다.

불교에서는 이와 정반대의 마음인 자애를 가르칩니다. 아무런 조건 없이 용서하고, 있는 그대로 받아들이고, 행복을 바라는 따뜻한 마음이 자애입니다. 세상 모든 것들에는 조건이 달려 있지만, 자애에는 아무런 조건도 달려 있지 않습니다. 예를 들어, 자신이 어떤 실수나 잘못을 세 번이 아니라 백 번, 천 번, 만 번 저지르더라도 아무런 조건 없이 용서하는 것이 자애입니다.

비즈니스를 할 때에는 늘 어떤 조건이 달려 있습니다. 하지만 자애에는 아무런 조건이 달려 있지 않습니다. 자애는 아주 순수한 마음이기에 아무런 부작용 없이 마음의 모든 문제를 해결해줍니다.

따뜻한 자애의 마음을 자주 일으켜보세요. 그러면 마음이 아주 밝고 평화롭고 행복해질 것입니다. 불교에서는 "스트라이크 아웃!"이 없습니다.

자애는 하나뿐인 소중한 아기에 대한 어머니의 조건 없는 사랑과 같은 감정입니다. 어머니가 언제나 사랑스런 아기의 행복을 바라듯이, 아무 조건 없이 자신을 포함한 모든 존재의 행복을 바라는 순수한 마음이지요.

우리가 세상에서 경험하는 거의 모든 사랑이나 애정 혹은 우정 등에는 항상 어떤 조건이 달려 있습니다. 연인, 친구, 친척, 지인 등 상대가 있다면 자신이 보내는 사랑이나 애정에 이런 조건들을 답니다.

'당신이 나를 사랑한다면', '나를 배신하지 않는다면', '의리를 지킨다면', '나에게 큰 피해를 주지 않는다면', '인간성에 문제가 없다면'…… 등 어떤 조건을 답니다. 그리고 상대방이 자신이 정말 중요하게 여기는 가치에 어긋나는 행동을 하면 사랑도 애정도 우정도 퇴색되기 쉽습니다. 실망과 반감과 성냄이 자라기 쉽습니다.

상대에 대한 기대와 바람은 언제나 깨지기 마련입니다. '내가 그렇게 잘해줬는데 어떻게 나한테 그럴 수 있지?' 하는 생각이 들지도 모르지요.

어떤 조건이 달린 것을 '거래'라고 합니다. 일종의 비즈니스라고 할 수 있지요. 거래와 비즈니스가 언제나 성공할 수는 없습니다.

그래서 원하는 바를 이루지 못하면 실망과 괴로움을 경험하게 됩니다.

하지만 자애는 아무런 조건을 달지 않는, 아무런 반대급부도 바라지 않는 마음이기에 실망도, 실패의 괴로움도 없습니다.

자애에는 따뜻한 치유의 힘이 있습니다. 마음에 어떤 문제가 있든, 그 원인이 어떤 것이든 자애는 모든 문제와 상처를 치유하고 마음을 건강하게 만드는 효능을 갖고 있습니다.

자애는 어둡고 차갑고 축축해진 우리 마음을 밝은 빛으로 따뜻하고 뽀송뽀송하게 만들어줍니다. 그러면 마음은 아주 평화롭고 행복해집니다.

먼저 자신에게 이처럼 따뜻한 자애의 말을 해주세요.

"나는 언제나 나 자신이 모든 괴로움에서 벗어나 행복하길 바랍니다. 나는 언제나 나 자신을 아무 조건 없이 용서하고 따뜻하게 받아들입니다. 내 마음의 문은 언제나 나에게 활짝 열려 있을 것입니다. 언제나 내가 행복하기를……."

이런 자애의 마음을 자신을 포함한 모든 존재들에게 자주 보내주세요. 그러면 언젠가 여러분은 진정한 마음의 즐거움과 행복이 무엇인지를 스스로 알게 될 것입니다.

부처님은 자애를 닦고 자애의 마음에 머물면 열한 가지 이익을 얻을 수 있다고 하셨습니다.

1. 편안하게 잠든다.
2. 편안하게 잠에서 깨어난다.
3. 악몽을 꾸지 않는다.
4. 사람들로부터 사랑을 받는다.
5. 사람이 아닌 존재들로부터 사랑을 받는다.
6. 신들이 보호한다.
7. 불이나 독이나 무기가 해치지 못한다.
8. 마음을 쉽게 집중할 수 있다.
9. 안색이 밝다.
10. 죽을 때 혼미하지 않은 맑은 정신으로 죽는다.
11. 아라한이 되지 못한다면 높은 하늘 세계인 범천계에 태어난다.

이러한 공덕이 있는 자애의 마음을 잠시라도 계발해보십시오. 현재와 미래의 자신의 행복을 위한 최선의 노력이 될 것입니다.

살아 있는 생명은 그 어떤 것이든
움직이거나 움직이지 않거나
길거나 크거나 중간이거나
짧거나 작거나 거대하거나
보이거나 보이지 않거나
가깝거나 멀거나
이미 있거나 앞으로 태어날
이 모든 중생들이 행복하기를 기원합니다.

마치 어머니가 하나뿐인 자식을
목숨을 다해 보호하듯이
모든 중생들에게
한량없는 자애를 키워나가야 합니다.

—

『자애경』

알아차림

나무 심기에 좋은 계절이 왔습니다. 절에 심을 나무를 사려고 조경수를 재배하는 큰 농장을 방문한 적이 있습니다. 그 농장을 운영하는 농장주가 이런 얘기를 해주었습니다.

"스님, 심은 지 몇 년 되지 않은 나무들은 어디에 옮겨 심으나 보통 잘 자랍니다. 어린 나무는 아직 땅속에 뿌리를 깊이 내리지 않아서 옮겨 심어도 뿌리가 별로 다치지 않습니다. 하지만 수령이 오래된 나무는 땅속에 뿌리를 너무 깊고 단단하게 내리고 있어서 옮겨 심으면 죽기가 쉬워요. 이런 나무를 옮겨 심을 때는 전문가들도 매우 주의를 기울여 심어야 하지요. 아주 오래 산 고목은 전문가들이 옮겨 심어도 살아날지 장담할 수 없어요."

사람도 이와 비슷한 것 같습니다. 오래되지 않은 관점이나 습관은 마음만 먹으면 쉽게 바꿀 수 있지만, 오래된 습관은 마음속 깊이 뿌리내리고 있어 바꾸기가 힘듭니다. 우리 마음에 좋은 것들이 깊이 뿌리내리면 지혜로운 이가 되지만 나쁜 것들이 깊게 뿌리박히면 '꼰대'가 되는 것이지요.

그러니 지금 이 순간의 생각과 말, 행동을 항상 조심해야 합니다. 그리고 항상 알아차림을 유지해야 합니다. 생각과 말과 행동을 알아차리고, 잘못된 것이 있다면 즉시 고쳐야 합니다.

이것이 명상의 근본입니다.

그래서 부처님은 이런 가르침을 남기셨습니다.

모든 악을 행하지 말고 모든 선을 행하라.
그리고 자신의 마음을 깨끗하게 하라.
이것이 모든 부처님들의 가르침이다.

도반 스님과 함께 태국과 미얀마를 찾았을 때 있었던 일입니다. 태국에서 이런저런 수행처를 방문하던 중 까우야이 국립공원 근처에 있는 한 사찰을 방문했습니다. 그때 아주 재미있는 이야기를 듣게 됐습니다.

그 절은 생긴 지 얼마 안 된 곳이었습니다. 주지 스님은 호주분인데 아잔 차 스님을 스승으로 모시고 출가해서 몇 해 전에 그 절을 창건했습니다.

그런데 그 절에는 한 가지 골치 아픈 문젯거리가 있었습니다. 마을 사람들 중 한 사람이 절 부지 가운데에 땅을 가지고 있었습니다. 소위 '알 박기'를 해놓은 것이지요. 그 사람에게 땅을 팔라고 하니 터무니없이 비싼 가격을 불렀습니다.

그 땅이 없으면 불사를 할 수 없는 실정이었습니다. 많은 태국 사람들은 천신에 대한 믿음을 갖고 있습니다. 즉 인간의 차원을 넘어선, 불교를 수호하는 하늘 사람의 존재에 대한 믿음이지요. 우리나라 사람들이 신중이나 산신에 대한 믿음을 품었던 것처럼 말이지요. 태국 사람들은 소원이 있으면 천신에게 기원을 하곤 합니다.

급한 마음에 주지 스님도 천신에게 부탁을 해야겠다고 생각했습니다. 절 안에 큰 나무가 있었는데, 그는 그 큰 나무에 천신이 살 거라고 생각했습니다. 그래서 큰 나무 앞에서 이렇게 기원했습니다.

"천신이시여, 그대가 부처님에 대한 믿음이 있다면, 불교를 위해 이 절의 땅 문제를 잘 해결해주셨으면 합니다. 부탁합니다."

그런데 열흘이 지나도 소식이 없었습니다. 그래서 그는 태국에서 천안통으로 유명한 노스님을 찾아갔지요. 노스님은 사연을 듣고 이렇게 조언했습니다.

"그 큰 나무 말고 반대편 언덕에 작은 나무가 있지요? 그 앞에서서 천신에게 기원해보세요."

노스님은 그 절에 한 번도 가본 적이 없었지만 실제 눈으로 보듯 절의 지형과 그곳에 있는 나무까지 정확하게 묘사했습니다. 그는 절로 돌아와 노스님이 말한 대로 작은 나무에 향을 피우고 기원을 했습니다. 그후 사흘이 지났습니다.

말레이시아에서 불자들이 우연히 이 절을 방문했습니다. 말레이시아 불자들은 주지 스님과 이런저런 얘기를 하다 절의 땅 문제에 대한 사연을 듣게 되었습니다. 그 얘기를 듣고서 그들은 바로 자신들이 그 땅 살 돈을 시주하겠다고 했고, 그렇게 그 땅을 살 수 있게 되었습니다.

천신은 주지 스님이 생각했던 큰 나무에 있지 않았습니다. 오히려 볼품없어서 눈길도 주지 않았던 작은 나무에 깃들어 있었던 것이지요.

위대한 것들, 가치 있는 것들은 겉모양에 있지 않습니다. 겉모양에 속아 선불리 판단하지 말고, 모든 것을 존중하는 태도를 가져야 할 것입니다.

만약 형상으로 부처를 보려 하거나
음성으로 부처를 찾는다면
이 사람은 삿되게 명상하는 자이니
결코 부처를 보지 못하리라.

—

『금강경』

진정으로

좋은 것

절에서는 차를 자주 마시는데 중국차인 보이차도 인기가 좋습니다. 요즘에는 일반인들 사이에서도 보이차가 다이어트에 좋다고 해서 많은 사람들이 마시지요. 보이차도 녹차처럼 몸속의 노폐물을 제거해주고 정신을 각성시키는 효과가 있지만, 녹차와는 달리 따뜻한 성질을 갖고 있습니다.

하지만 좋은 보이차를 마시기는 쉽지 않습니다. 좋은 보이차를 생산하려면 많은 노력과 시간이 필요하기 때문이지요. 질 좋은 찻잎으로 제대로 차를 만들어 그 차를 긴 시간 동안 적절한 환경에서 숙성시켜야 좋은 보이차가 됩니다.

보통 오랜 시간 자연적으로 숙성될수록 좋은 보이차가 되는데, 좋은 보이차와 비슷한 맛을 내려고 화학 약품으로 단기간에 숙성시키기도 합니다. 이런 보이차는 몸에 나쁜 성분을 많이 포함하고 있어서 오히려 몸을 해칠 수도 있습니다.

저는 혼자서는 차를 거의 마시지 않지만, 다른 스님을 만나면 항상 차를 얻어 마시게 됩니다. 어떤 스님은 보이차를 내주며 "진짜 좋은 보이차예요"라고 말하지만, 실제로 마셔보면 질이 좋지 않아서 머리가 아프고 몸이 찌뿌듯해지는 경우가 종종 있습니다.

좋은 차를 감별할 수 있는 가장 좋은 방법은 좋은 차를 많이 마셔보는 것입니다. 좋은 차를 마시다보면 좋은 차가 기준이 되어 좋지 않은 차를 저절로 감별할 수 있게 되지요. 하지만 질이 낮은 차를 마시다보면 그게 자신의 기준이 되어 좋은 차를 마셔도 그 맛을 알 수가 없습니다.

사람의 마음도 마찬가지입니다. 욕심이나 성냄으로 마음이 오염된 상태에 익숙하다보면 별 문제가 없는 상태라고 느끼기 쉽습니다. 하지만 잠시라도 오염된 마음에서 벗어나 고요와 평화를 경험해보면, 이전에 자신의 마음이 얼마나 오염되어 있었고 괴로웠는지를 알게 되지요.

저는 어렸을 때 깊은 시골에 살아서 1년에 몇 번 정도 큰 명절을 앞두고서야 뜨거운 물로 목욕을 하곤 했습니다. 피부에 덕지덕지 쌓여 있던 때를 벗기고 나면 몸과 마음이 가벼워져 날아갈 것 같았습니다. 그와 마찬가지로 마음에서 만족과 자애심으로 욕심과 성냄의 때를 벗겨내면 마음이 가볍고 상쾌해져 날아갈 것 같은 기분이 됩니다.

이러한 느낌을 자주 경험해서 좋은 마음을 구별할 줄 아는 마음의 감별사가 되시길 바랍니다.

경북 어느 선원에서 수행한 적이 있었습니다. 스님들이 휴식하는 지대방에 식품첨가물에 대한 책이 한 권 있었습니다. 인공적인 식품첨가물의 해로움에 대한 책이었지요. 책을 읽어보니 정말 일리가 있는 것 같았습니다. 저는 실험 정신이 발동해 들어오는 먹을거리들의 성분을 확인하기 시작했습니다. 그런데 책에 나온 식품첨가물이 들어가지 않은 것은 드물더군요. 하지만 고르고 골라 식품첨가물이 전혀 들어가지 않은 것만을 먹었습니다. 그러자 몸이 점점 예민해졌습니다. 식품첨가물이 조금이라도 들어간 음식을 먹으면 금세 몸에서 안 좋은 반응이 나타나게 된 것입니다.

시간이 지나면서 힘이 들기 시작했습니다. 들어오는 음식 중에 식품첨가물이 들어 있지 않은 것을 고르기도 어려울 뿐 아니라, 해로운 것이 아주 조금 들어간 음식을 먹어도 몸이 예민하게 반응해 힘들었습니다. 절에는 먹을 것도 별로 없는데 말이지요. 특히 수행의 차원에서도 음식을 두고 좋고 싫음을 분별하는 것이 좋지 않은 것 같았습니다. 그래서 이런 생각을 했습니다.

'에라 모르겠다. 골라 먹는다고 평생 살 몸도 아니고 죽을 때가 되면 죽는 몸이다. 부처님 당시에도 탁발을 해서 받는 대로 드시지 않았던가.'

이렇게 생각을 바꾸고 나서는 어떤 음식이든 주어진 대로 먹기 시작했습니다. 그러자 음식 성분에 예민하게 반응했던 몸이 편안해졌습니다. 해롭다는 식품첨가물이 들어간 음식을 먹어도 몸이 별 거부 반응을 일으키지 않았습니다. 생각을 바꾸니 몸의 반응도 달라진 것이었지요.

몸에 해로운 식품첨가물을 먹지 않겠다는 생각이 '좋고 나쁜 것에 대한 분별심'을 키웠고, 그런 생각이 몸의 과잉 반응으로 이어졌던 것입니다.

약이 아닌 것을 약이라고 믿고 먹으면 실제로 약효가 나타나는 것을 '플라세보 효과'라고 합니다. 이런 경우는 부정적 플라세보 효과라고 할 수 있습니다. 나쁜 성분이라 생각하고 어떤 것을 먹으면 몸에서 나쁜 반응이 증폭되어 나타나는 것이지요. 이런 부정적 플라세보 효과를 줄이려면, 되도록 부정적인 것에 주의력을 두지 말고 여기에 에너지를 쏟지 말아야 합니다.

마음과 몸의 건강을 위해서는 입으로 들어오는 좋은 음식뿐 아니라 마음의 양식인 생각의 질에 더욱 신경써야 합니다.

모든 것 중 마음이 가장 앞서고
마음이 가장 중요하며
모든 것은 마음에서 만들어진다.
깨끗한 마음으로 말하거나 행동하면
행복이 그를 따른다.
그림자가 그를 떠나지 않듯이.

—

『법구경』

가르침

앞에서

새해가 되면 "새해 복 많이 받으세요!"라는 말을 많이 듣게 됩니다. 하지만 불교적 입장에서는 "새해 복 많이 지으세요"라고 하는 것이 훨씬 유익합니다. 복이라는 결과는 복을 짓는 원인에 의해 생기는 것으로, 그저 바라기만 해서는 복을 받을 수 없습니다. 복을 불러오는 원인을 쌓으면 원하지 않아도 복이 생기는 것이지요. 이것이 인과의 법칙입니다.

인과는 원인에 의해 결과가 생긴다는 것입니다. 세상의 모든 것들은 인과 법칙의 지배를 받습니다. 인과는 불교의 기본 가르침이자 우주의 법칙입니다. 깨달음 말고 이런 원인과 결과의 법칙에서 벗어날 수 있는 것은 아무것도 없습니다.

세속적 행복을 바라든, 출세간적 깨달음을 추구하든 항상 이런 것을 가져오는 원인에 관심을 가져야 합니다. 세속적 행복을 바란다면 보시와 지계를 열심히 닦아야 하고, 출세간적 깨달음을 원한다면 보시와 지계를 바탕으로 팔정도에 입각한 명상을 해야 합니다. 그러면 바라지 않아도 결국 복이나 행복을 얻게 되고 깨달음의 길로 자연스럽게 나아가게 됩니다.

인과를 믿고 꾸준히 원인을 쌓아야 합니다. 그러면 원하는 것을 성취할 수 있습니다.

우리는 스스로에게 끊임없이 법을 가르쳐야 합니다.

선생님이 학생에게 어떤 과목을 한 번 가르친다고 해서 학생이 그 내용을 모두 바로 이해할 수는 없습니다. 선생님은 학생이 제대로 이해할 때까지 여러 각도로 반복해서 가르치고, 그러고서야 학생은 그 내용을 제대로 이해할 수 있습니다.

마찬가지로 스스로에게 법을 한 번 가르친다고 해서 우리 마음이 단번에 법을 이해할 수는 없습니다. 선생님이 학생들을 반복해서 가르치는 것처럼, 자신에게 법을 반복해서 가르쳐야 법이 가슴에 스며들고 체득됩니다.

어린 학생을 가르치듯 끊임없이 법으로 자신을 가르치십시오. 이렇게 자신을 가르치다보면 지혜가 점점 쌓이고 명상도 자연적으로 발전할 것입니다.

우리는 경전을 보면서 부처님의 가르침을 배웁니다. 불교 경전을 읽는 방법은 다른 책을 읽는 방법과는 좀 다릅니다.

원래 부처님 당시에는 지금과 같은 경전들이 없었습니다. 석가모니 부처님은 수행을 통해 완전한 깨달음을 얻었고, 이런 깨달음에 이르는 길을 제자들에게 전했습니다. 이런 체험에서 나온 가르침들이 모이고 기록되면서 지금과 같은 경전이 되었습니다.

이렇게 우리가 글로 읽는 경전의 내용은 모두 체험에서 나온 것이고, 부처님이 경험했던 정신적 경지를 직접 체득하도록 하기 위한 것입니다.

그래서 경전을 읽을 때는 그 내용을 머리로만 논리적으로 이해해서는 안 됩니다. 그 내용을 이해하고 그것을 자신의 마음에 그대로 적용해봐야 합니다. 불교 이론은 실천을 위해 존재하기 때문입니다.

머리가 아닌 마음으로, 가슴으로 읽어보십시오. 그래야 부처님의 가르침이 자신의 마음속에서 그대로 다시 살아날 것입니다.

대상은 원래 그대로 존재한다.
대상이 우리에게 고통을 주는 것이 아니다.
뾰족한 가시가 우리에게 고통을 주는가?
그렇지 않다.
가시는 그저 가시일 뿐이다.
가시는 누구도 괴롭히지 않는다.
하지만 우리는 가시를 밟으면 바로 고통스럽다.
왜 고통스러운가?
우리가 가시를 밟았기 때문이다.
고통은 우리 자신에게서 생기는 것이다.

—

아잔 차

아름다운 삶을
위해

호주 퍼스의 한 사찰에서 명상한 적이 있습니다. 그곳은 제가 명상 스승으로 모시는 아잔 브람 스님이 계신 곳입니다. 이 사찰은 퍼스 시에서 한 시간 정도 떨어진 고요한 숲에 자리잡고 있습니다. 그곳에는 아주 넓은 숲에 '꾸띠'라고 부르는 스님의 처소들이 드문드문 흩어져 있습니다. 그래서 꾸띠에서 하루종일 명상하다보면 사람을 만날 일이 전혀 없습니다. 사람보다 오히려 캥거루들을 자주 보게 되지요.

그곳 숲에는 캥거루들이 많이 살고 있습니다. 캥거루는 귀여운 동물이어서 누구나 좋아할 것 같지만, 주위 목장 주인들은 캥거루들이 목장의 풀을 뜯어먹어서 싫어합니다. 그래서 목장에 캥거루가 보이면 심지어 총으로 쏴버리기도 합니다. 그러다보니 많은 캥거루들이 위험을 피해 안전한 사찰로 유입되었습니다.

꾸띠에 있으면 하루종일 보이는 것이 거의 캥거루뿐이어서 자연스럽게 캥거루의 행동을 관찰하게 됩니다. 캥거루는 하루종일 머리를 땅바닥에 처박고 풀을 뜯어먹거나 자거나 서로 싸웁니다. 잠시 시간을 내어 아름다운 풍경도 감상하고 푸른 하늘도 바라볼만하건만 캥거루에게는 그런 여유가 없습니다.

스님들이 남는 음식이라도 주면 음식을 두고 서로 싸움을 벌이지요. 풀을 뜯어먹느라 땅만 쳐다봐서 그런지 시력도 좋지 않습니다. 그 광경을 보면서 안타까웠습니다.

때로는 사람들도 마음의 여유를 잃어버리고 눈앞의 현실에 매몰되어 삶의 아름다움들을 보지 못하는 것 같습니다. 그러면서 마음의 눈이 어두워지지요.

캥거루는 그렇게 평생 생존을 위해 본능적으로 살다 삶을 마감할 것입니다. 우리는 캥거루 같은 삶을 살아서는 안 되겠지요. 파란 하늘도 보고 봄날에 피어나는 꽃송이도 보면서 고개를 돌려 삶의 아름다운 풍경들을 멀리 바라볼 여유가 필요하지 않을까요.

어느 과학자가 스무 살 때 찍은 증명사진을 바탕으로 그 사진 속 인물들이 30년 후에 행복할지 예상해보는 연구를 했습니다. 이 과학자가 주목한 것은 스무 살 때 사진 속 인물의 미소였습니다. 그는 사진 속 인물들에 대한 조사를 통해, 구김살 없이 밝고 즐겁게 미소 지을수록 30년 후에 행복할 확률이 훨씬 높고, 그런 미소를 짓지 못하는 사람은 불행할 확률이 높다는 조사 결과를 얻었습니다.

거울을 보고 한번 미소를 지어보세요. 자연스럽고 편안한 미소가 지어지나요?

그렇다면 다행입니다.

만약 그렇지 않다면 행복한 미래를 위해 지금부터 연습해보세요. 거울을 보고 자신을 향해 따뜻하게 미소 지어보세요. 연습만으로 잘 안 된다면 다른 방법도 한번 찾아보세요.

명상도 여러분에게 즐거운 미소를 찾아주는 좋은 방법입니다. 여러분이 자신을 향해 따뜻하게 미소 지으면 세상도 여러분을 향해 따뜻하게 미소 지을 것입니다.

그대를 괴롭히는 것
그대를 귀찮게 하는 것
그것이 바로 그대의 스승이다.

—

아잔 차

2부 ○ 명상을 만나다

마음의 고향

저는 경북의 한 산골 마을에서 태어났습니다. 중학교 2학년 때 학업을 위해 대구로 유학 가기 전까지 그곳에서 어린 시절을 보냈습니다. 고향은 참 평화로운 곳이었습니다. 사방이 나지막한 산으로 둘러싸여 있고 마을 앞으로는 투명한 시냇물이 흐르는, 전형적인 시골 마을이었습니다. 지금도 고향에서 보낸 어린 시절을 생각하면 마음이 따뜻해지고 입가에는 미소가 떠오릅니다.

산과 들과 강을 마음껏 뛰어다니며 깨끗한 대자연 속에서 친구들과 즐겁게 놀았던 기억이 지금도 생생합니다. 더운 여름이면 하루에 몇 번이라도 냇가에서 멱을 감으며 놀고, 가을이면 풍성하게 열린 밤, 대추, 사과, 호두 같은 열매와 과일을 따 먹고 산과 들을 훑으며 시간을 보냈습니다. 그리고 겨울이면 꽁꽁 언 내에서 썰매를 타고 눈밭을 뒹굴며 즐거운 시간을 보냈습니다. 유년기를 보냈던 고향을 떠올리는 것만으로도 마음이 편안해지고 치유가 됩니다. 제게 고향은 그런 곳입니다.

일반인들과 마찬가지로 명상을 하는 사람에게도 일종의 고향이 필요합니다. 마음을 편안히 쉴 수 있는 정겨운 장소가 필요합니다. 무엇을 우리 마음의 고향으로 삼아야 할까요? 그것은 바로 호흡입니다.

자신의 호흡을 하루 중에 잠시라도 알아차리는 사람이 70억 인류 중에 과연 몇이나 될까요? 호흡기에 문제가 생겨서 숨쉬기 곤란한 상황이 아니라면 자신의 호흡을 인식하는 사람은 매우 드물 것입니다.

이 세상에 태어나 첫 호흡을 들이쉬며 허파가 펴진 이래로 지금까지 호흡은 여러분과 함께했습니다. 그리고 여러분이 이생에서 마지막 숨을 내뱉을 때까지 호흡은 여러분과 함께할 것입니다. 여러분이 탄생한 이래로 호흡은 스물네 시간 잠시도 쉬지 않고 여러분의 생명을 유지해왔습니다. 호흡은 생명의 은인이자 여러분과 가장 오랜 시간을 보낸 동반자입니다. 그 노고를 좀 알아줘야 하지 않을까요?

석가모니 부처님은 바로 이런 호흡을 명상 주제로 가르치셨습니다. 이것이 바로 호흡명상, 빠알리어로는 '아나빠나사띠'라고 합니다. 전통적 견해에 따르면 석가모니 부처님은 바로 이 호흡명상을 통해 깨달음을 이루셨다고 합니다. 부처님은 깨달음을 이루고 난 후 출가한 스님들과 재가 신자들에게 호흡명상을 가르치셨습니다. 그리고 그 결과 수많은 이들이 명상의 결실을 얻었습니다. 호흡명상은 이처럼 위대한 명상법입니다.

그렇지만 호흡명상을 시작하는 것은 그리 복잡한 일이 아닙니다. 여러분이 해야 할 일은 자신의 호흡을 마음의 고향으로 생각하는 것입니다. 찾아가기만 하면 마음이 편안해지며 언제 어디서든 의지할 수 있는 고향으로 여기는 것입니다.

여러분이 인식하든 인식하지 않든, 호흡은 스물네 시간 바로 여기에 있습니다. 바로 여기에 있는 호흡을 찾기만 하면 됩니다. 호흡을 찾고서 그곳에서 편안하게 머물면 마음은 점점 고요해지고 평화로워지기 시작합니다. 그곳에 좀더 평화롭게 머물면 마음은 더욱 고요해지고 내면에서 기쁨이 생기기 시작합니다. 호흡과 함께 좀더 머물면 더욱더 큰 기쁨과 행복이 생겨납니다. 호흡과 평화롭게 함께하는 시간에 비례해 마음의 평화, 기쁨, 행복이 더욱 강력해집니다. 호흡과 오래 함께한 마음은 눈부시게 아름답습니다.

스트레스나 고통이 밀려오거나 무력감과 무료함을 느낄 때, 이런저런 문제에 봉착하거나 마음이 여기저기 방황할 때, 어떤 상황에서든 호흡을 한번 찾아보십시오. 지친 마음을 위로받기 위해 고향을 찾듯 호흡이라는 마음의 고향에 의지해보십시오. 호흡은 언제나 어떤 상황에서도 믿을 수 있습니다.

태어난 고향도 인연이 다하면 떠나야 하고, 절친한 친구와 사랑하는 부모, 배우자, 자녀들과도 스물네 시간 함께할 수는 없습니다. 다들 각자의 삶이 있고 인연에 따라 각자의 길을 가야 합니다. 하지만 호흡은 언제나 여러분과 함께합니다. 항상 여러분에게 봉사합니다. 힘들 때면 호흡을 찾아보세요!

호흡을 마음의 고향으로 삼고 이런저런 문제들이 생길 때마다 이곳을 방문하다보면 뜨거운 햇살에 아침 이슬이 증발하듯 모든 문제들이 사라질 것입니다. 호흡에서 안심하고 머물며 생기는 고요와 평화, 그리고 기쁨이 마음의 상처들을 치유할 것입니다. 또한 마음에 생겨난 고요와 평화 속에서 갖가지 문제들을 해결할 수 있는 지혜가 솟아날 것입니다.

수행자에게는 호흡이 진정한 고향입니다.

잠깐 멈춰서 자신의 호흡을 바라보세요.
호흡이 들어오면 들어오는 줄 알고
호흡이 나가면 나가는 줄 알면 됩니다.
좋아하는 친구를 바라보듯
따뜻하게 호흡을 바라보세요.
그러면 여러분은 고요와 평화라는
친구를 갖게 될 것입니다.

명상을

시작하는 자세

어린 시절에 저는 만화를 정말 좋아했습니다. 그래서 만화책을 한번 손에 들고 만화에 빠지면 몇 시간 정도는 훌쩍 지나가곤 했지요. 만화책을 볼 때면 다른 모든 것들은 잊어버리고 만화에 빠져들었습니다. 그 당시 제게 만화책보다 더 재미있고 흥미진진한 것은 없었습니다. 그래서 만화책 보는 일은 전혀 힘들지 않았고 시간만 나면 만화책을 보고 싶었습니다.

어린 시절에 제가 만화책을 좋아했듯이 명상을 좋아하도록 노력해야 합니다. 명상은 감성적인 측면이 중요합니다.

어떤 측면에서 보자면, 명상을 좋아하면 명상을 쉽게 잘할 수 있고 명상을 좋아하지 않으면 명상이 발전하기 힘들다고 말할 수도 있습니다.

자신이 좋아하는 대상에는 항상 마음이 머물게 되고, 싫어하는 대상으로부터는 마음이 결국 도망갑니다. 명상을 좋아하면 마음이 명상에 머물고, 명상을 싫어하면 마음이 명상으로부터 도망가는 것입니다.

처음 명상을 시작할 때는 몸과 마음이 긴장됩니다. 낯선 곳에 가면 불편하고 긴장되는 것처럼 말이지요. 하지만 명상에 조금 익숙해지고 긴장을 푸는 방법을 배우게 되면 마음이 편안해집니다. 어떨 때에는 마음이 너무 편해서 앉아서 뭘 했는지도 모른 채로 시간이 훌쩍 지나가기도 합니다.

하지만 명상을 할 때는 마음이 편안해도 알아차림이 있어야 합니다. 명상을 할 때는 명상 주제를 알고 있어야 한다는 것입니다. 예를 들어, 호흡명상을 하고 있다면 그 순간에 일어나는 들숨과 날숨을 알고 있어야 합니다.

마음은 평화로운데 호흡을 알아차리고 있지 않다면, 이는 어두운 혼침의 상태이거나 가수면과 비슷한 상태입니다. 그래서는 명상이 발전할 수 없습니다.

명상을 할 때 '내가 호흡을 알아차리고 있나?' 하고 가끔씩 스스로에게 물어보세요. 그리고 호흡을 알아차리지 않고 있다면 호흡을 알아차리라고 부드럽게 자신을 환기시키세요.

그래도 호흡을 명확하게 알아차릴 수 없으면, 들숨과 날숨을 한 호흡으로 해서 열 호흡까지만 세어보세요. 예를 들면, 들숨 날숨 한 번, 들숨 날숨 두 번…… 이렇게 들숨과 날숨을 열 번까지

세는 것입니다.

그러고 난 뒤 들숨과 날숨을 생각 없이 알아차려보세요. 그러면 호흡이 좀더 명확하게 마음에 드러날 것입니다.

우리는 명상을 통한 마음과 몸의 변화에 민감해질 필요가 있습니다. 명상을 하면 정도의 차이는 있지만 어쨌든 좋은 변화가 생깁니다.

하지만 보통은 정신이 예민하지 못해서 그런 변화를 감지하지 못하고 타성적으로 명상을 하는 경우가 많습니다. 그러면 명상을 통해 즐거움을 얻거나 명상을 하고 싶은 의욕을 일으키기가 쉽지 않습니다.

명상을 하기 전과 명상을 한 후의 마음과 몸의 상태를 비교해보세요. 그리고 자신에게 어떤 좋은 변화가 생겼는지 살펴보세요.

한 시간 동안 명상을 하든, 십 분 동안 명상을 하든, 단 일 분 동안 명상을 하든 어떤 좋은 변화가 있을 것입니다. 마음과 몸이 좀더 평화롭고 고요하고 가벼워질 것입니다. 이런 변화를 잘 음미해보세요. 그러면 마음이 깨어나서 자신의 상태에 좀더 민감해지고, 명상으로 인한 미세한 즐거움을 인식할 수 있을 것입니다.

이렇게 하면 명상의 초보 단계에서부터 좀더 즐겁게 명상할 수 있습니다.

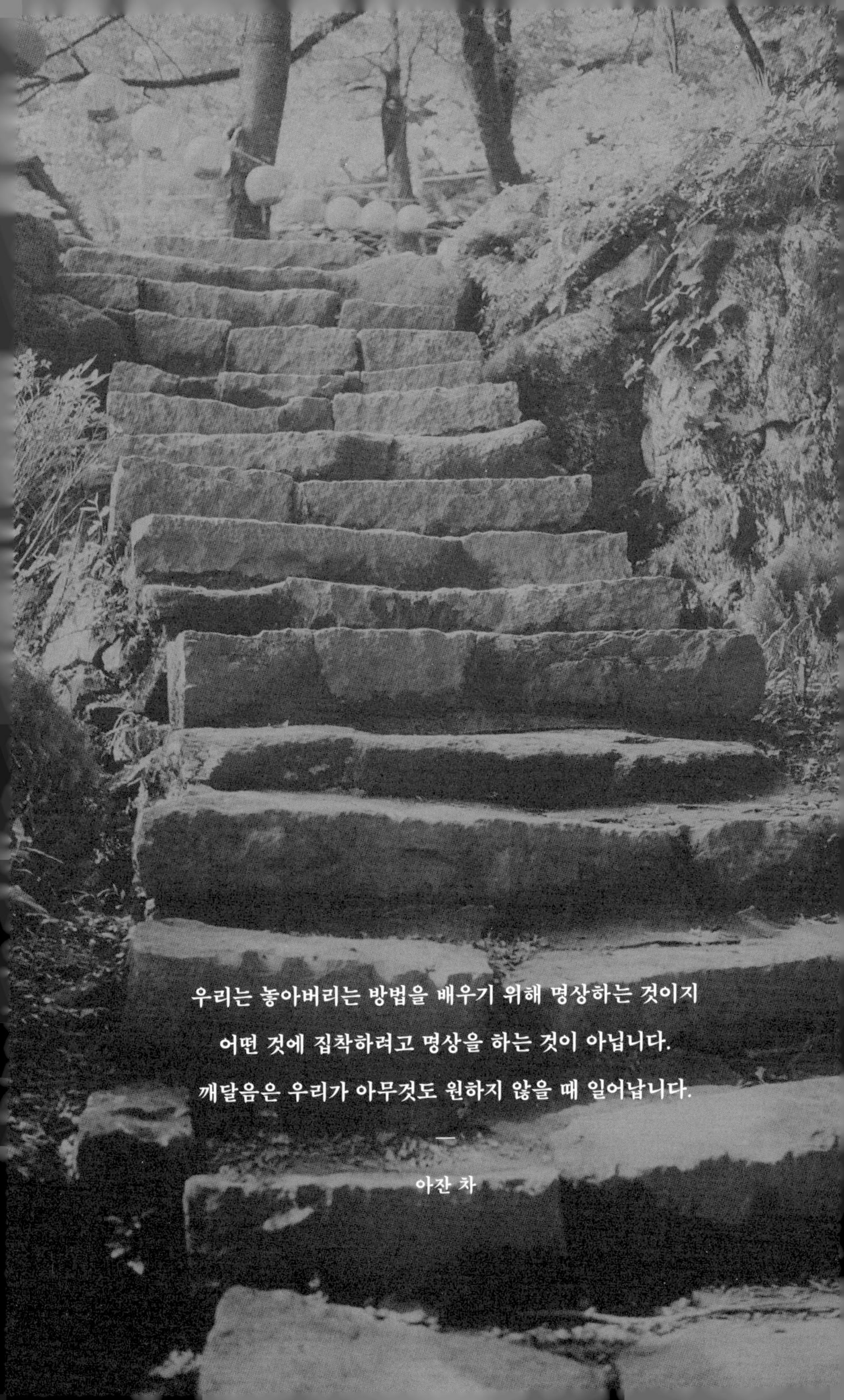
우리는 놓아버리는 방법을 배우기 위해 명상하는 것이지
어떤 것에 집착하려고 명상을 하는 것이 아닙니다.
깨달음은 우리가 아무것도 원하지 않을 때 일어납니다.
—
아잔 차

천천히

명상 속으로

대학생 때 탁구를 잘 치는 친한 선배가 있었습니다. 선후배나 동기들과 탁구장에 탁구를 치러 가면 그 선배는 거의 백전백승이었습니다. 드라이브와 스매싱, 커트 등의 기술을 자유자재로 구사하며 탁구장을 평정했습니다.

그런데 어느 날 그 선배가 탁구장에 다녀오더니 약간 충격을 받은 듯 보였습니다. 탁구장에 갔다가 모르는 사람과 우연히 게임을 하게 되었는데 충격적인 스코어로 패한 것입니다. 21 대 2, 21 대 3 정도의 스코어로 말이죠. 그 선배와 게임을 한 사람은 중학교 때 탁구선수였다고 했습니다. 선배는 "아무리 중학생 시절이었더라도 선수는 역시 선수야"라며 고개를 절레절레 흔들었습니다.

탁구선수로 활동하는 이들은 취미로 탁구를 치는 사람들과는 달리 탁구에 필요한 기술을 기초부터 철저하게 배웁니다. 탁구에 대한 경험과 이해가 풍부한 코치나 감독들로부터 기술과 노하우를 전수받으며 기초를 탄탄히 하지요. 이렇게 탄탄한 기초를 바탕으로 훈련을 하면 탁구 실력이 빠르게 향상됩니다.

하지만 취미로 탁구를 치는 이들은 기초를 제대로 다지는 경우가 드뭅니다. 이렇게 기초가 부실하면 아무리 탁구를 쳐도 실력이 잘 늘지 않습니다.

명상도 마찬가지로 기초가 가장 중요합니다. 기초를 잘 다지고 명상을 하면 명상이 자연스럽게 발전할 수 있습니다. 명상의 기초는 '과거와 미래를 버리고 현재 이 순간에 깨어 있는 것'입니다. 우리는 지나간 과거에 대한 생각이나 다가오지 않은 미래에 대한 생각으로 자신의 고요한 마음을 혼란스럽고 피곤하게 만들곤 합니다.

과거와 미래를 버리면 현재 이 순간이 드러납니다. 그러면 혼란은 사라지고 마음이 평화로워지고 점점 깨어납니다. 이렇게 일상에서 과거와 미래에 관한 생각들을 버리는 명상의 기초를 꾸준히 닦아나가보세요. 그러면 과거와 미래와 관련된 많은 장애들이 사라질 것입니다.

대학교 신입생 때였습니다. 불교 명상에 관심을 갖게 된 저는 교내 불교 동아리를 찾아갔습니다. 동아리의 한 선배가 저를 맞이하며 멋진 다구로 녹차를 내려주었습니다. 그때 처음으로 제대로 된 녹차를 마셔보았습니다. 그 당시에는 이런 생각이 들었습니다.

'이런 맹맹한 걸 무슨 맛으로 마시지? 달지도 않고 상큼하지도

않고 톡 쏘는 맛도 아니고.'

그뒤로 불교 동아리 활동을 하며 녹차를 마실 기회가 자주 있었습니다. 그러면서 녹차의 섬세하고 은은하며 깊은 맛을 차차 알게 되었습니다. 그러다 저 역시 차를 즐기게 되었습니다.

차의 맛을 음미할 수 있게 되기까지는 이처럼 긴 시간과 많은 경험이 필요합니다. 마찬가지로 우리가 명상을 통해 경험하게 되는 마음의 평화와 고요와 즐거움은 섬세하고 은은해, 처음에는 그것을 제대로 감지하고 음미하기 어렵습니다.

하지만 명상을 꾸준히 하다보면 일상에서 경험할 수 없는 이러한 고요와 평화에 차차 익숙해지고 그 달콤한 맛을 알아가게 됩니다. 그러면서 명상을 즐기게 되지요.

이 같은 경지에 이른 사람에게는 명상이 세상에서 경험할 수 없는, 차원 높은 행복을 느끼는 원천이 됩니다.

향긋한 녹차를 즐기듯 명상을 즐겨보세요.

명상할 때

필요한 것

어린 시절에 저는 돋보기로 자주 장난을 치곤 했습니다. 햇빛이 쨍쨍한 맑은 날, 바닥에 종이 한 장을 펴놓습니다. 그리고 종이 위에 돋보기로 초점을 맞추고 잠시 기다리면 종이에서 연기가 피어오르며 불이 붙었습니다.

명상도 이와 비슷합니다. 명상을 처음 시작하면 아무런 진전이나 변화가 없을지 모릅니다. 돋보기로 초점을 맞추고서 어느 정도 시간이 지나야 종이가 가열되어 불이 붙듯 명상이 발전하는 데도 시간이 필요합니다.

매일 꾸준히 노력하다보면 명상에도 불이 붙을 것입니다. 고요와 평화와 행복으로 마음에도 불이 붙을 것입니다. 그러니 조급하게 생각하지 말고 불이 붙을 때까지 꾸준히 명상하십시오. 꾸준한 노력이 명상에서 가장 중요합니다.

김천 수도암 선원에 살 때의 일입니다. 선원에서는 주로 좌선을 하는데, 당시 저는 걷기명상을 좋아해서 좌선하는 틈틈이 걷기명상을 하곤 했습니다. 선원에서 좀 떨어진 인적이 드문 숲길에서 걷기명상을 했는데, 시간이 날 때마다 걷기명상을 하다보니 매일 네다섯 시간 정도씩 하게 되었지요.

이렇게 석 달 정도 걷기명상을 하자 제가 걷던 숲길이 아주 단단하게 다져져 반질거리며 광이 났고 비가 와도 물이 잘 스미지 않을 정도가 되었습니다. 한 노스님이 그 길을 보고, 어떻게 숲길이 이렇게 반질거릴 수 있느냐며 놀라기도 하셨습니다.

걷기명상을 하면서 내디딘 한 걸음 한 걸음은 울퉁불퉁했던 오솔길을 다져 매끈하게 만드는 동시에 저의 거칠었던 마음도 매끈하고 빛나게 만들었습니다.

자신에게 맞는 바른 명상의 길을 찾아 꾸준히 노력해보십시오. 그러면 단단하고 반질거리는 오솔길처럼 여러분의 마음도 언젠가 빛나게 될 것입니다. 그리고 단단하게 다져진 오솔길에 빗물이 잘 스미지 않듯 번뇌나 장애가 찾아오더라도 여러분의 마음에 쉽게 스미지 못할 것입니다.

명상을 할 때는 인내심이 필요합니다. 어떻게 보면 인내심은 자신의 성에 차지 않아도 재촉하지 않고 기다릴 줄 아는 마음입니다.

호흡명상을 할 때 호흡이 자신의 마음에 들지 않을 때도 있습니다. 호흡이 불규칙적이거나 거칠 수도 있고, 호흡이 너무 얕고 짧을 수도 있고, 호흡이 긴장될 수도 있습니다.

이럴 때 '호흡아! 빨리 부드러워져. 편안해져. 깊고 규칙적으로 숨을 쉬어줘'라고 하며 호흡을 닦달하지 마십시오. 호흡에게 어떤 요구를 하지 마십시오.

지금 현재 경험하고 있는 호흡을 그대로 받아들이고, 호흡을 믿고 기다려주십시오. 이렇게 평정한 마음으로 인내심을 가지고 기다리면 호흡이 저절로 점점 아름답게 변할 것입니다. 거칠고 긴장되고 불편했던 호흡이 점점 부드럽고 편안하고 행복하게 변할 것입니다.

수행자에게는 바로 이런 인내심이 필요합니다.

지금

이 순간

법에 관한 것이 아닌 이런저런 세속적인 일들을 오래 하다 명상을 시작하면 마음이 쉽게 가라앉지 않습니다. 예를 들어 직장에서 하루종일 일을 하고서 집에서 명상을 하려 하면 이런저런 생각들이 마음을 혼란스럽고 들뜨게 만듭니다.

명상이 오래 끊긴 상태에서 명상의 수준이 회복되려면 상당한 시간이 필요합니다. 그러므로 어떤 일을 하고 있더라도 중간중간 잠시 짬을 내어 명상을 해보세요.

한 시간 동안 일을 하고 나서 삼십 초라도 눈을 감고 명상해보세요. 그러면 일에서 생긴 피로도 풀리고, 마음이 부드럽고 평화로워집니다. 명상의 상태가 어느 정도 이어지는 것이지요.

삼십 초, 아니 단 십 초 동안이라도 틈틈이 명상을 하면, 하는 일에도 훨씬 잘 집중할 수 있고 일의 효율도 높아지고, 명상을 자신의 삶 속에 스며들게 할 수 있습니다.

떨어지는 물방울이 바위를 뚫고, 순간이 모여 영원이 됩니다.

명상을 하는 데 많은 시간이 필요하다고 생각할지도 모릅니다. 그래서 적어도 한 시간이나 삼십 분 정도는 여유가 있어야 한다고 말이지요.

하지만 명상을 하는 데는 긴 시간이 필요하지 않습니다. 잠깐 짬이 날 때마다 명상을 해보세요. 오 분이든 일 분이든 아니면 삼십 초든 십 초든, 시간의 길이는 아무런 관계가 없습니다. 짧은 시간만 허락되더라도 바로 명상을 시작해보세요.

이런 명상의 시간들이 쌓여 탐진치(貪瞋癡, 욕심과 노여움과 어리석음. 열반에 이르는 데 장애가 되는 번뇌들로 삼독三毒이라 한다)의 단단한 바위를 뚫습니다.

길게 멀리 보지 말고 바로 이 순간에만 명상해보세요.

지금 이 순간 말고는 존재하지 않습니다.

어떤 일을 하기 전에 십 초만 호흡을 알아차려보세요.

차를 운전하기 전에 십 초만 지켜보세요.

차를 운전해 목적지에 도착해서도 십 초만 호흡을 지켜본 뒤에 차에서 내려보세요.

청소하기 전에도 십 초만, 설거지를 하기 전에도 십 초만, 책을 읽기 전에도 십 초만, 식사를 하기 전에도 십 초만, 들숨과 날숨을 알아차려보세요.

그러면 명상이 일상의 삶 속에 자연스럽게 스며들게 됩니다.

이 정도만 호흡명상을 해도 마음이 훨씬 고요하고 평화로워집니다. 그리고 이렇게 명상하는 습관이 자리잡으면 좀더 긴 시간 동안 명상을 해도 즐겁게 몰입됩니다.

이런 십 초가 여러분의 마음을 바꾸고 삶을 변화시킵니다.

깨달음의 길은 이처럼 짧은 순간에서 시작됩니다.

잠깐 멈춰서 자신의 호흡을 바라보세요.

호흡이 들어오면 들어오는 줄 알고

호흡이 나가면 나가는 줄 알면 됩니다.

좋아하는 친구를 바라보듯

따뜻하게 호흡을 바라보세요.

그러면 여러분은 고요와 평화라는

친구를 갖게 될 것입니다.

호흡에
귀기울이기

한 심리학자가 실시한 재밌는 실험에 대해 읽은 적이 있습니다. 사람의 호감도에 대한 실험이었는데, 호감이 어떻게 생기는지 연구한 것이었습니다.

여자는 한 명, 남자는 여러 명을 섭외해 한 방에서 십오 분 정도 짧은 시간 동안 서로 대화를 나누게 했습니다. 한 여자가 남자를 계속 바꿔가면서 대화를 나누게 했고, 여자가 대화한 남자들에 대한 호감도를 평가하게 했습니다. 실험이 끝나고 호감도를 측정해보니 한 남자에 대한 호감도가 유독 높게 나타났습니다.

여자는 그 남자가 말도 잘하고 똑똑하고 재치도 있고 잘생겼다고 평가했습니다. 그래서 실제로 그런지 그 남자와 대화했던 영상을 돌려봤습니다.

그런데 재밌는 사실을 발견할 수 있었습니다. 그 남자는 그렇게 잘생긴 것도 아니고, 똑똑한지 어떤지 알 수도 없고, 그렇다고 재치가 있지도 않았던 것입니다.

심리학자는 여자가 그런 평가를 한 것이 이해가 잘 안 되어 녹화 테이프를 여러 번 돌려봤습니다. 그러다 그 남자와 다른 남자들의 한 가지 차이를 발견할 수 있었습니다.

다른 남자들은 여자의 호감을 사려고 온갖 얘기를 하며 말을 많이 늘어놓았습니다. 그런데 호감도 높았던 남자는 말을 거의 하지 않았습니다. 그는 그냥 여자의 얘기를 계속 들어주었습니다. 여자의 얘기에 고개를 끄덕이며 공감하고 귀를 기울였습니다. 즉 이 여자는 그가 자신의 말을 이해하고 들어주며 공감해준다고 느끼자, 그 사람이 똑똑해 보였고 그에 대해 좋은 인상을 갖게 되었습니다. 그 사람이 말도 잘하는 듯 느껴지고 잘생긴 것처럼 보였던 것입니다.

반복적으로 실험해봐도 거의 공통된 결과가 나왔습니다. 호감을 얻는 사람은, 말을 잘하는 사람이 아니라 대부분 상대의 말에 귀를 기울여주고 공감해주는, 경청을 잘하는 사람이었습니다.

사람들은 대부분 그런 것 같습니다. 누구나 고민이 많고 할 얘기가 많습니다. 그렇지만 그런 자신의 얘기를 중요하게 여기며 귀담아듣고 공감해주는 사람을 만나기는 힘듭니다. 그래서 외로움을 느낍니다.

이는 사람들과의 관계에만 국한된 것이 아닙니다. 불교 명상과도 관련이 있고, 자신의 신체와 마음을 다루는 방법과도 굉장히 밀접한 관계가 있습니다.

우리는 몸에 병이 생기기도 하고, 마음에 병이 생기기도 합니다. 그런데 몸에 병이 생길 때는 항상 전조가 있습니다. 굉장히 피곤하다는 신호 또는 몸이 부대낀다는 신호를 보내는 것입니다. 우리 몸은 항상 그런 신호를 보냅니다. 일종의 말을 하는 것이지요.

'아, 몸이 피곤하다, 너무 무리가 된다.'

그럴 때 그 얘기를 듣고 몸을 풀어주거나 쉬거나 좋은 걸 먹어주면, 우리 몸은 이해가 됐다고 느끼면서 스스로 치유를 합니다. 그런데 우리는 그러지 않는 경우가 많습니다.

마음도 마찬가지입니다. 마음도 스트레스 받으면 신호를 보냅니다. '피곤하다, 우울하다, 상처 입었다.' 그런데 보통 그런 말을 그냥 무시해버릴 때가 많습니다. '아, 몰라. 그런 얘기 하지 마.' 그렇게 눌러버리고, 자기가 생각하고 싶은 대로 끌고 갑니다. 그런 것이 쌓이고 쌓여 폭발하면, 화병이 생기고 만성적인 마음의 병이 됩니다.

몸과 마음이 보내는 말을 무시하고 자신이 하고 싶은 얘기, 자기 생각만 해서 문제가 생기는 것입니다.

명상을 할 때도 마찬가지입니다. 호흡명상을 한다는 것은, 호흡이 들어오고 나가는 얘기를 듣는 것입니다. 호흡의 이야기를 듣는 것이지요. 호흡이 어떤 느낌을 우리에게 얘기하는데, 그것을 듣는 것입니다. 호흡에 귀기울이고 들으면 호흡도 호의를 느낍니다. 호의를 가진 호흡은 아주 편안하고 부드러워지고 즐거운 느낌을 줍니다.

그러므로 인내심이 있어야 합니다. 사람들의 이야기를 들을 때처럼 말입니다. 인내심 있게, 따뜻한 시선으로 호흡을 바라보면 결국은 그 호흡이 우리 마음을 알아차립니다. '인내심이 있게 들어줬

구나. 고맙구나' 하고 말이지요. 그래서 부처님도 수행자에게 인내가 최고의 덕목이라고 하셨습니다.

인내는 의지로 하는 것이 아닙니다. 단지 자기가 하고 싶은 얘기를 하지 않고 침묵을 지키는 것이 진정한 인내입니다. 입으로 말을 뱉지 않는 것도 중요하지만, 그보다 더 중요한 것은 마음속으로 자신이 하고 싶은 얘기를 하지 않는 것입니다. 무언가를 하지 않고 오히려 호흡과 같은 대상에 귀를 기울이는 것입니다. 편안하게 침묵하며 듣는 것입니다.

호흡명상을 할 때 마음속으로 침묵을 지키며 따뜻한 시선으로 듣는 것. 이것이 명상의 가장 중요한 덕목입니다.

호흡명상을 할 때
자신의 호흡에 가만히 귀기울여보세요.
판단하지 말고 아무 말 없이
호흡을 완전히 들어보세요.

호흡이 무슨 말을 하고 있나요?
입을 다물고 진심으로 듣다보면
호흡도 여러분에게 마음의 문을 열 것입니다.

마음

비우기

명상을 하다보면 '뭘 해야 하지?' 하는 생각이 들곤 합니다. 그러면 이런저런 시도를 하며 마음을 움직입니다. 하지만 대부분의 경우에 이런 생각은 끊임없이 뭔가 하려 하고 움직이려 하는 마음의 습관에서 일어납니다. 잠시도 가만있지 못하는 원숭이처럼 말입니다.

우리의 번뇌는 고요하게 가만히 멈춰 있기를 질색합니다. 그러면 자신의 영향력과 존재감이 줄어들기 때문입니다.

그러므로 명상중에 '뭘 해야 하지?' 하는 생각이 들면 번뇌가 고요를 견디지 못한다고 생각하십시오. 그리고 이런 생각이 열 번 들면, 여덟아홉 번 정도는 '아무것도 할 필요가 없어'라고 스스로에게 말해주십시오. 그리고 한두 번 정도만 필요한 뭔가를 하십시오.

이렇게 우리는 마음을 고요하게 길들일 수 있습니다.

가득찬 잔에는 더이상 아무것도 채울 수 없습니다.

명상을 할 때 자신의 생각이나 관점 혹은 고집이 큰 방해가 됩니다. 자신의 생각이나 관점이 마음을 가득 채우고 있어서 바른 법이 들어올 공간이 없는 것입니다.

이렇게 바른 법이 아닌 자기 것으로 마음을 채워놓고 명상이 잘 되길 바랍니다.

이는 호수에 던진 돌멩이가 수면 위로 떠오르길 바라는 것과 같습니다. 아무리 떠오르기를 바라도 돌멩이는 가라앉듯, 우리 마음도 잘못된 방향으로 가라앉습니다.

먼저 마음에서 자신의 생각과 관점을 비워보세요. 그리고 비워낸 마음에 부처님의 가르침을 그대로 받아들여보세요.

그러면 부처님 법이 마음을 가득 채워 평화와 행복을 훨씬 편안하게 얻을 수 있을 것입니다.

명상을 할 때는 시작하는 마음, 즉 초심이 중요합니다.

명상은 마음에 뭔가를 쌓아가는 과정이 아니라 모든 것을 비워 내는 과정입니다.

마음속에 쌓은 것이 있고 그것이 내 것이라고 생각하면 집착이 생깁니다. 그리고 그것이 명상에 장애가 됩니다.

초심에는 마음에 쌓인 것이 없습니다. 집착할 과거가 존재하지 않습니다.

아무도 밟지 않은 흰 눈밭에 첫발을 내딛듯 순수한 초심으로 명상하십시오.

명상을 방해하는 것들

마음은 모든 것을 만듭니다. 가부좌를 틀고 명상을 시작하면 마음속에 온갖 것들이 나타났다 사라집니다. 명상하는 한 시간 동안 나타난 영상들을 영화로 제작한다면, 엄청난 블록버스터 영화가 될 수도 있습니다.

마음의 이런 활동들은 대부분 명상에 방해가 되지만, 때로는 이런 특성을 명상에 잘 활용할 수도 있습니다.

마음속으로 명상하기에 적합한, 고요하고 성스러운 장소에 자신이 있다고 상상해보십시오.

자신이 명상실에 있다고 상상할 수도 있고 깊은 산속 오두막에서 혼자 명상하고 있다고 상상할 수도 있습니다. 혹은 부처님이 깨달음을 얻으신 보리수 아래 앉아 있거나 부처님이 머무신 영축산의 동굴에 앉아 있다고 상상할 수도 있습니다.

이런 장소들을 마음속에 구체적으로 떠올리면서 자신이 그곳에 있다고 상상해보세요. 그러면 몸은 이 자리에 있지만 마치 자신이 성스러운 수행처에 있는 듯 느껴질 것입니다. 그러면 쉽게 깊은 명상에 들 수 있습니다. 한번 시도해보세요.

명상의 가장 큰 장애는 생각입니다.

명상할 때 생각이 끊임없이 일어나는 이유는, 생각에 큰 가치를 부여하고 생각을 신봉하기 때문입니다.

명상할 때 어떤 생각은 꼭 필요한 생각처럼 느껴지고, 어떤 생각은 좋은 결과를 가져올 것처럼 여겨집니다. 하지만 명상할 때 일어나는 거의 모든 생각은 무의미하고, 우리의 고요한 마음을 흔들 뿐입니다.

생각보다 마음의 고요를 더 소중히 여겨보세요. 그래서 고요한 마음이 생각보다 얼마나 더 행복하게 만들어주는지를 경험해보세요.

명상을 할 때 실제로 명상을 하는 시간보다는 명상에 대해 생각하고 고민하거나, 명상하기를 주저하며 허비하는 시간이 더 많은 것 같습니다.

생각이나 고민, 주저함과 두려움 등은 명상이 아닌 명상의 장애일 뿐입니다. 복잡하고 어렵게 생각하지 말고 지금 바로 이 순간에 명상해보십시오. 아주 짧은 시간이라도 나면 원숭이처럼 재빠르게 그 시간을 활용해 그냥 명상해보십시오. 실제로 해보면 명상이 생각보다 쉽고 간단하다는 것을 알 수 있을 것입니다.

바로 지금 이 순간에 행복하게 명상하는 수행자가 될 수 있습니다.

어느 스포츠 브랜드 광고처럼 '그냥' 해보세요.

저스트 두 잇(Just Do It)!

명상이

어렵게 느껴질 때

명상을 하는 분들에게서 이런 얘기를 자주 듣습니다.

"요즘 고민이 많아서 명상을 못하겠어요."

"바쁘고 스트레스를 받아서 명상을 못하겠어요."

"요즘 기분이 좀 가라앉아 있어서 명상을 못하겠어요."

"마음이 너무 괴로워서 명상을 못하겠어요."

이런 문제들 때문에 명상을 하기가 힘들어, 문제들이 어느 정도 해결된 다음에 명상을 해야겠다고도 합니다.

아무런 문제가 없고 마음이 항상 평화롭고 행복하다면 그런 사람은 사실 명상을 할 필요가 없습니다. 문제가 있기 때문에 명상을 하는 것이지요.

부처님은 우리가 명상을 통해 이런 문제들을 해결해 평화롭고 행복하게 살도록 명상을 가르치셨습니다. 그리고 그 방법 그대로 명상을 실천하면 자신을 괴롭히는 문제들이 실제로 해결됩니다.

이런저런 핑계를 대며 명상이 안 된다고 하는 것은, 실제로 명상이 잘 안 되는 상태여서 그런 게 아닙니다. 그보다는 자신을 괴롭히는 나쁜 정신적 패턴을 반복하는 것에 불과합니다. 이것이 잘못된 견해입니다.

바른 견해를 갖고 있다면, 내 마음에 이런저런 문제들이 생겼을 때 부처님의 명상법을 기억해서 정확하게 실천할 수 있습니다. 그러면 태양이 순식간에 어둠을 몰아내듯 이런 문제들이 순식간에 사라지고 마음이 평화롭고 행복해집니다.

좌선이나 걷기명상을 하며 명상을 잘하던 사람도 일상생활 속에서 명상을 하기란 쉽지 않습니다. 일상생활을 하면서도 알아차림을 유지하려 노력하지만 힘들어서 금방 포기하곤 합니다.

그러면 일상생활 중에는 어떻게 명상해야 할까요? 어떻게 해야 알아차림을 유지할 수 있을까요?

이때는 현재 가장 두드러진 감각을 억지로 알아차리려 할 필요가 없습니다. 그 대신 과거나 미래와 관련된 모든 생각이나 감정들을 버리는 데 초점을 맞춰야 합니다.

과거와 미래를 버리면 마음은 현재 이 순간에 멈춥니다. 그러면 현재 이 순간이 저절로 드러나고, 현재 이 순간의 자극들을 저절로 알아차리게 됩니다. 이런 알아차림은 마음의 멈춤에서 생기는 평화와 고요에서 일어납니다.

이것이 일상생활 중에도 평화롭게 명상할 수 있는 방법입니다.

과거나 미래 때문에 현재를 허비하고 있지는 않은가요?

과거는 이미 지나가버렸고 미래는 아직 오지 않았습니다. 과거나 미래는 사실 지금 이 순간에 존재하지 않습니다. 과거나 미래에 관한 기억이나 생각들이 신기루처럼 우리를 현혹하고 있는 것이지요.

지금 이 순간만이 존재하는 것이고, 지금 이 순간들이 모여서 우리의 삶을 만드는 것입니다. 과거와 미래를 위해 현재를 희생하지 마십시오.

현재 이 순간에 온 마음을 던져보세요.

이것이 자신의 명상에도, 자신의 삶에도 최선의 결과를 가져오는 길입니다.

지금 이 순간을 소중히 여기십시오.

과거도 미래도 나를 지치게 만드는 신기루일 뿐입니다.

이 순간을 소중히 여기면 바로 이 순간에 머물게 됩니다.

끝없는 움직임을 멈추고 이 자리에서 휴식하게 됩니다.

이런 멈춤의 휴식에서 고요한 정신적 에너지가 솟아납니다.

고요한 정신적 에너지가 모이면

즐거움과 행복이 저절로 생겨납니다.

가장 소중한 보물은 바로 이 순간에 있습니다!

백양꽃

새싹으로부터

몇 년 전에 깊은 산중에서 홀로 지낸 적이 있습니다. 내장산 국립공원에 자리잡은 백양산에 있는 곳입니다. 백양산 아랫자락에 있는 백양사에서 산중으로 한참 올라가면 금강대라는 조그만 토굴이 나옵니다. 이곳에서 혼자 명상하며 지냈습니다.

이곳은 마치 비밀의 정원처럼 잘 숨겨져 있습니다. 지도상에는 금강대의 위치가 표시되어 있지만 그곳으로 가는 이정표는 어디에도 없습니다. 암자가 있음을 암시하는 길의 흔적도 찾을 수가 없습니다. 더군다나 등산로와도 멀리 떨어져 있어 길을 잃어 우연히 이곳을 방문하는 등산객도 없습니다. 아주 가끔씩 암자로 오는 산길을 알고 있는 산중의 선원 스님들이 방문하는 것이 유일한 사람들의 방문이었습니다.

그곳은 그야말로 세상의 인적이 끊긴, 고요하고 평화로운 곳이었습니다. 새, 다람쥐, 뱀, 멧돼지, 노루 등 야생동물들이 벗이 되어주었습니다.

추위가 아직 가시지 않은 이른 봄날이었습니다. 그날도 평소처럼 방안에서 명상을 하고 있었습니다. 그런데 인기척이 들리는 게 아니겠어요? 무슨 일인가 싶어 방문을 열어보니 한 청년이 토굴에서 조금 떨어진 곳 땅바닥을 뚫어져라 쳐다보고 있었습니다. 길도 없는 이곳을 어떻게 찾아왔는지 신기하기도 하고, 도대체 뭘 하고 있는지 궁금하기도 해서 신발을 신고 청년에게 다가갔습니다. 그러고는 땅바닥을 유심히 지켜보고 있는 그를 미소 지으며 불렀습니다.

"안녕하세요! 뭐 하세요?"

청년은 약간 놀라며 바닥에서 시선을 떼고 저를 바라봤습니다. 그러고는 이렇게 말했습니다.

"아! 스님이 여기에 사시는군요. 저번에 왔을 때는 아무도 안 계셨는데……. 방해해서 죄송합니다."

저는 오랜만에 온 방문객에게 차라도 한잔 대접하고 싶었습니다.

"요즘 사람 본 지가 한참 되었는데 저도 반갑네요. 방에서 차라도 한잔하시지요."

암자의 방으로 함께 들어와 차를 마시며 그 청년이 여기까지 오게 된 이야기를 들었습니다.

청년은 광주의 한 극장에서 근무하고 있었습니다. 그는 자연을 사랑하는, 감수성이 예민한 청년이었습니다. 그는 3년 전 이맘때 이른 봄에 혼자 백양산을 등산하러 왔었습니다.

보통 등산을 하면 등산로를 따라 산의 정상까지 오르고 내려가는 것이 일반적입니다. 하지만 이 청년은 약간 특이한 등산 취향을 가지고 있었습니다. 그는 산에 오면 항상 사람들이 다니는 등산로에서 벗어나 인적이 닿지 않은 깊은 골짜기나 숲을 탐험하길 좋아했습니다. 그는 사람들에게 거의 모습을 드러내지 않은 나무와 꽃, 바위, 계곡, 산짐승들을 온전히 혼자 즐기길 좋아했습니다.

겨울의 추위가 채 가시지 않은 3년 전 그날도 그는 등산로에서 벗어나 길도 없는, 신비로워 보이는 한 골짜기를 살펴보고 있었습니다. 그곳을 살펴보던 중 산 정상으로 향하는 조그만 오솔길을 발견했습니다. 호기심에 그는 오솔길을 따라 계속 올라갔습니다. 오솔길을 따라 십오 분쯤 올라갔을 때 놀랍게도 조그만 건물이 모습을 드러내기 시작했습니다. 소박한 건물을 바라보며 조금 더 올라가자 본채와 창고 건물 두 채로 구성된 단출한 암자가 그 모습을 드러냈습니다. 맞은편 암봉인 백학봉을 바라보는 양지바른 곳에 암자가 자리잡고 있었습니다. 그는 마치 무릉도원을 발견한 듯 신비로움과 경이로움을 느꼈습니다. 스님이 사시는가 싶어 인기척을 내보았지만 건물 안에서는 아무런 반응도 없었습니다.

그는 혼자서 암자 여기저기를 구경하기도 하고, 그림처럼 눈앞에 펼쳐진 봉우리의 절경을 넋 놓고 감상하기도 했습니다. 그러다 암자 주위로 눈을 돌렸는데 연노란색의 뭔가가 시야에 들어왔습니다. 뭔지 궁금해 가까이 다가가보니 앙증맞은 연노란색 새싹이 막 솟아나고 있었습니다. 겨울의 추위가 아직 가시지 않은 산중의 이른봄이라 다른 식물들의 새싹은 찾아볼 수 없었습니다.

한겨울의 매서운 추위를 견디고서 맨 먼저 그 모습을 드러내는 연노란색 새싹의 생명력에 그는 경이로움을 느꼈습니다. 그리고 그렇게 연약하고 조그만 생명체가 한겨울의 모진 칼바람과 거친 눈보라를 견디고 솟아나는 모습에서 삶의 희망을 발견했습니다.

'아, 이렇게 작고 여린 생명체도 모진 시련을 견뎌내고 새로운 희망을 싹틔우는데, 나는 이보다는 훨씬 크고 강하잖아! 내가 겪는 어려움은 이에 비하면 별거 아니야.'

그는 자신이 지고 있는 삶의 무게가 훨씬 가벼워짐을 느꼈습니다. 세상이 좀더 살 만한 곳으로 여겨졌습니다. 겨울을 견디고 솟아오른 새싹에서 이러한 감흥을 받은 뒤, 그는 일상의 삶에 치여 힘들고 지칠 때마다 여리지만 강인한 그 모습을 떠올렸습니다. 그러면 언제나 마음에 위로를 받고 삶을 다시 살아갈 에너지를 얻을 수 있었습니다.

그래서 그는 매년 이른봄이 되면 자신에게 위로와 희망을 주는 그 새싹을 보기 위해 금강대를 찾았습니다. (나중에 안 사실이지만 이른봄에 첫 싹을 틔웠던 그 식물은 백양꽃이었습니다. 백양꽃은 수선화과로, 잎이 다 지고 나서야 꽃이 피는 상사화입니다. 백양사 부근에서 처음으로 발견되었다고 해서 백양꽃이라고 이름이 붙은 우리나라 토종 식물입니다.)

무심코 지나쳤던 백양꽃의 작은 변화에서 삶의 통찰을 얻은 청년의 감수성이 저는 매우 신선하게 느껴졌습니다.

사람들은 크고 대단한 것에 주로 관심을 갖고 거기에 가치를 부여하는 경우가 많습니다. 그래서 대체로 작고 섬세한 현상이나 변화를 놓치기 쉽습니다. 일상에서 우리는 섬세한 주의력이나 관찰력이 부족한 경우가 많습니다.

이는 명상을 하는 수행자들도 마찬가지입니다. 수행자들은 대체로 명상에 관한 이런저런 책을 읽고서 뭔가 대단한 경험을 기대합니다. 표현할 수조차 없는 희열과 행복, 완전한 삼매, 대단한 통찰력 등 엄청난 것들을 원하며 명상하는 경우가 많습니다.

하지만 그런 대단한 것들은 처음부터 경험하기 힘들뿐더러, 그러한 것들은 아주 미세하고 섬세한 상태와 작은 변화들을 음미하는 데서 시작됩니다.

명상을 통한 변화는 생각이 사라진 짧은 고요, 강렬하지 않은 섬세한 희열과 행복처럼 작은 것에서 시작됩니다. 수행자들은 명상에서 생기는 작고 여린 고요와 희열, 그리고 행복을 소중히 여기고 섬세하게 음미해야 합니다. 그러다보면 이런 것들이 세상의 다른 일을 해서는 경험할 수 없는, 완전히 다른 맛을 가지고 있음을 알아가게 됩니다. 명상을 통한 놓아버림을 통해 맛보게 되는 경험의 가치를 알게 됩니다.

그렇게 작고 여린 고요와 희열, 행복을 잘 돌보고 음미하면 이것들은 줄기를 뻗으며 건강하게 자라납니다. 나중에는 완전히 성숙해 위대한 명상의 결과라는 아름다운 꽃을 피우게 됩니다.

백양꽃의 작은 새싹에서 삶의 희망과 통찰을 얻은 청년처럼 명상에서 작은 고요와 희열, 행복을 소중하게 여기며 음미하는 수행자가 되시길 빕니다.

마음에서 생각을 모두 비워내보십시오.

아무런 생각이 남지 않을 때까지 비워보십시오.

그러면 호흡이 저절로 드러날 것입니다.

명상의

고통과 즐거움

명상을 시작하면 마음이 평화롭고 고요해집니다. 하지만 어느 순간 고요한 호수에 세찬 바람이 불어 물결이 일듯, 평소에는 일어나지 않았던 특이하고 이상한 생각이나 감정이 일어납니다. 그러면 '내가 명상을 잘못해서 그런 것이 아닌가?' 하는 생각이 듭니다.

하지만 이는 명상을 하는 과정에서 겪게 되는 자연스런 현상입니다. 명상을 시작하면 그동안 우리를 완전히 지배하고 있던 번뇌의 영역이 줄어들게 됩니다. 그러면 번뇌들은 생존에 위협을 느끼고 살 방도를 찾습니다.

평소의 모습으로는 더이상 통하지 않으니 새로운 모습으로 변신해서 관심을 끌며 우리를 유혹합니다. 잊어버렸던 아주 어린 시절의 기억이나 감정이 떠오르기도 하고, 갑자기 두려움이 엄습하기도 하고, 이상한 생각이나 이미지가 떠오르기도 하지요. 이런 것들을 통해 번뇌가 우리 관심을 끌어 자신의 영역을 다시 넓히려는 것입니다.

이는 상품을 만들어 파는 회사에서 제품의 모양이나 성능을 매년 조금씩 바꾼 신상품을 내놓으며 소비자를 유혹하는 것과 비슷합니다.

명상을 하는 중에 전혀 예상하지 못했던 생각들이나 감정 혹은 이미지들이 떠오르면 이렇게 생각하세요.

'번뇌들이 모습을 바꿔 나를 유혹하는군. 번뇌들이 살아남으려고 발버둥치는군. 하지만 나는 번뇌에 속지 않을 거야.'

그리고 부처님과 위대한 제자들이 그러셨던 것처럼 번뇌들에게 이렇게 말해주세요.

"마라(불교의 악마)야! 나는 너의 정체를 안다."

그러면 번뇌들은 순식간에 자취를 감출 것입니다.

날씨는 끊임없이 변화합니다. 한파가 몰아쳤다가 다시 따뜻해지고, 맑게 개었다가 어느 순간에는 비가 옵니다. 이런 날씨는 나와 관계없이 자연의 조건들에 의해 계속 변합니다. 날씨는 나의 통제를 벗어나 있습니다.

생각이나 감정 같은 마음 상태도 날씨와 비슷합니다. 이런 마음은 자신의 통제하에 있는 것처럼 보일지도 모르지만 사실은 그렇지 않습니다. 통제할 수 없는 마음을 내 마음대로 조종하려 하는 데서 많은 고통이 생깁니다.

명상을 할 때 때로는 자신의 마음을 통제하려는 생각을 버려보세요. 마음에 어떤 생각이나 감정이 일어나든 혹은 어떤 마음 상태를 경험하든, 내면으로 이렇게 말해보세요.

'이건 나와는 아무 관계 없는 일이야! 내가 전혀 관심을 가질 필요가 없어!'

이것을 제대로 실천한다면 모든 것을 쉽게 놓아버릴 수 있을 것입니다. 그리고 마음이 아주 가볍고 평화로워질 것입니다.

명상을 하다보면 마음이 무거워지고 경직될 때가 있습니다. 마음이 무거워지고 경직되기 시작한다는 것은, 마음속에 장애들이 일어나기 시작했다는 뜻입니다.

이럴 때 입가에 미소를 지어보세요. 그리고 마음속으로도 미소를 지어보세요.

그러면 마음이 한결 가볍고 편안해질 것입니다. 장애들이 사라져 마음이 깨끗해지기에 그런 것입니다.

이렇게 가벼운 마음으로 명상을 하면 명상의 즐거움을 빨리 찾을 수 있습니다.

깃털보다

가볍게

미국 최대 인터넷 신문사의 창업자인 아리아나 허핑턴이 한 인터뷰에서 항상 가슴에 새기고 있는 말이 무엇이냐는 질문을 받았습니다. 그녀는 이렇게 대답했습니다.

"천사가 날 수 있는 이유가 뭐라고 생각하세요? 날개가 있기 때문이라고 생각하세요? 그렇지 않아요. 저는 이 말을 가장 좋아해요. '천사가 날 수 있는 이유는 마음이 가볍기 때문이다.'"

이 말은 원래 영국의 철학자 앨런 와츠가 한 말입니다. 마음을 편안하게 만들어주는 통찰력 있는 명언입니다. 이 말은 어떤 면에서 부처님의 말씀과도 일맥상통합니다.

『디가니까야』에 「세기경」(世紀經, Agganna Sutta, D27)이라는 경전이 있습니다. 이 경전은 세상과 인간의 기원과 변화에 관한 부처님의 가르침을 담고 있습니다. 「세기경」에는 이런 내용이 나옵니다.

"오래전에 이 우주가 수축하는 어느 시기가 있었다. 이렇게 세상이 수축할 때 대부분의 중생들은 광음천(색계 제2선천 중 세번째 하늘)에 태어난다. 그들은 마음으로 이루어지고 희열을 음식으로 삼는다. 또한 스스로 빛나고 허공을 다니고 천상에 머물며 매우 오랜 세월을 산다."

“참으로 긴 세월이 지난 어느 때, 이 우주가 팽창하는 시기가 있다. 우주가 팽창할 때 대부분의 중생들은 수명이 다하고 공덕이 다하여 광음천의 무리에서 떨어져 이곳 인간계로 오게 된다. 여기서도 역시 그들은 마음으로 이루어지고 희열을 음식으로 삼는다. 또한 허공을 다니고 천상에 머물며 매우 오랜 세월을 산다.”

“하지만 욕심내는 마음이 생겨났다. 그리고 갈애가 그를 엄습해 왔다.”

“그러자 몸에서 방사되던 빛이 사라졌다. 타고난 몸의 빛이 사라지자 태양과 달이 드러났다. 태양과 달이 드러나자 별들과 별의 무리들도 드러났다. 그러자 밤과 낮이 알려지게 되었다.”

경전에서 묘사하는 것처럼, 오랜 세월 어느 때 우주가 팽창하던 시기에 우리들은 아름다운 빛을 발하며 허공을 다니던 시절이 있었습니다. 딱딱한 유형의 음식이 아닌 희열을 음식 삼고, 몸에서 나오는 광채가 태양의 빛을 무색케 하던 시절이 있었습니다. 날개가 없어도 천사보다 더 자유롭게 날아오르던 시절이 있었습니다.

하지만 욕심이 생겨나고 타는 듯한 갈애가 마음을 덮어버리자, 태양보다 훨씬 빛나던 몸의 광채가 사라졌고 희열을 음식 삼아 행복하게 살아갈 수 있는 능력도 사라졌습니다. 이제 지상으로 떨어져 수많은 부품으로 조립된 날틀에 의지하지 않으면 허공을 날 수 없는 처지가 되었습니다.

허공을 날듯 빛나며 행복하던 마음이 욕심과 분노와 고뇌와 스트레스로 무거워져 괴로움의 땅바닥으로 추락해버렸습니다.

그렇게 오랜 세월을 보냈습니다. 성냄과 욕심과 어리석음의 먼지와 진흙으로 온 마음을 더럽히며…….

하지만 이제 다시 마음의 창공으로 날아오를 때입니다. 정신을 빛내며 아름다운 마음의 허공을 자유롭게 비행해야 할 때입니다. 명상의 기쁨으로 주린 정신의 배를 채울 때입니다.

바로 여기에 부처님의 가르침이 있습니다. 마음에 실린 무거운 짐을 내려놓게 하는 부처님의 명상이 있습니다. 부처님의 호흡명상이 있습니다. 자애명상이 있습니다. 삶의 본질을 꿰뚫는 알아차림이 있습니다.

진정한 행복으로 비행하는 방법은 이처럼 부처님에 의해 잘 제시되어 있습니다. 우리가 해야 할 일은, 욕심과 성냄과 어리석음이라는 무거운 짐을 놓아버리고 부처님처럼, 아라한들처럼, 위대한 수행자들처럼 가볍게 행복한 마음의 허공으로 날아오르는 것입니다.

우리는 날개가 없어도 날 수 있습니다. 놓아버린 마음은 깃털보다 가볍기에…….

괴로움을

놓아버리는 수행

사성제(四聖諦, 고苦·집集·멸滅·도道의 네 가지 진리)의 두번째 진리는 괴로움의 원인에 관한 것입니다. 괴로움의 원인은 갈애이고, 이 갈애에서 모든 괴로움이 생긴다는 것이지요. 그래서 갈애가 사라지면 괴로움도 사라집니다.

갈애는 좀더 쉽게 표현하자면 뭔가를 '원하는 마음'입니다. 물질적인 것이든 정신적인 것이든 그것을 원하면 괴로움이 생깁니다. 밥이든 빵이든 고기든 채소든 짜장면이든 라면이든, 그 음식에 독이 들어 있는데 그것을 먹으면 괴로움과 고통이 생깁니다.

마찬가지로 돈을 원하든 명예를 원하든, 몸이 편안하길 원하든 마음의 평화를 원하든, 즐거운 호흡을 원하든 삼매를 원하든 깨달음을 원하든, 원하는 마음은 언제나 결국 괴로움을 일으킵니다. 원하는 마음은 필연적으로 크고 작은 여러 괴로움을 일으키게 되지요. 이런 괴로움을 명상의 장애라고도 표현할 수 있습니다.

때로는 명상을 할 때 '원하는 마음'을 버리는 것에 초점을 맞춰보세요. 이것도 원하지 말고 저것도 원하지 말고, 아무것도 원하지 마세요. 몸과 마음이 긴장되어도 긴장이 사라지기를 원하지 말고, 마음이 평화롭지 않아도 평화를 원하지 말고, 호흡이 거칠어도 부드러워지기를 원하지 말고, 시간이 빨리 지나가지 않아도 빨리 지나가길 원하지 말아보세요. 명상할 때 아무것도 원하지 마세요. 모든 원함을 버리고 언제나 만족해보세요.

그러면 여러분은 사성제의 두번째 진리인 괴로움의 원인을 없애고 있는 것입니다. 괴로움의 원인인 '원함'이 사라지면 당연히 괴로움은 소멸됩니다. 괴로움이 소멸되면 마음이 평화롭고 행복해집니다. 바로 이것이 명상의 길이고 중도의 길이며 행복의 길입니다.

내 몸과 마음도 내 마음대로 할 수 없습니다.

우리는 항상 건강하게 지내고 싶지만 감기 몸살을 비롯해 크고 작은 병에 걸리지요. 항상 즐겁고 행복하게 지내고 싶지만 슬프고 우울해지기도 하고 괴로워지기도 합니다.

내 몸과 마음은 나의 통제를 벗어나 있습니다. 내 몸과 마음은 여러 가지 조건들에 따라 건강하거나 병들고, 행복하거나 괴롭습니다. 사실 이런 것들은 나의 의도나 바람과는 관계가 없습니다.

내 몸과 마음도 내 뜻대로 되지 않으니 다른 사람의 몸과 마음은 말할 나위가 없겠지요.

가족이나 친구, 동료 등이 내 마음에 들지 않는 행동이나 말을 한다면 '아주 당연해' 하고 여겨야 합니다. 그들이 내 마음에 드는 행동이나 말을 할 때는 내가 원해서가 아니라 이런저런 조건들이 맞아서 그렇게 하는 것이라고 생각해야 합니다.

몸과 마음을 포함하는 세상의 모든 것들은 우리의 통제력을 벗어나 있습니다. 이것이 부처님이 가르치신 '무아(無我)'의 핵심입니다. 통제할 수 없는 것을 통제하려는 데서 괴로움이 생깁니다.

세상 모든 것들은 여러 조건들에 따라 일어났다 사라지는 것임을 이해하고, 통제하려는 집착을 버려보세요. 이것이 괴로움에서 벗어나는 지혜입니다.

수학 문제를 풀 때는 수학 공식을 이해하고 그 공식에 따라 문제를 풀어야 합니다. 풀려는 문제에 해당되는 수학 공식을 알지 못하거나 그 원리를 제대로 이해하지 못하면 아무리 애쓰고 열심히 문제를 풀어봐도 정답이 나올 수가 없습니다. 정답을 얻으려면 필요한 공식을 적용해서 그 원리에 따라 정확하게 문제를 풀어야 하지요.

불교 명상도 마찬가지입니다. 명상의 원리를 정확히 이해하고 그것을 자신에게 그대로 적용시켜야 정신적 발전이 있습니다. 자신이 평소에 갖고 있던 고집이나 믿음 혹은 습관대로 명상해서는 아무리 노력해도 명상이 발전할 수 없습니다.

이는 서울에 가려는 사람이 경부고속도로를 타고 부산 방향으로 열심히 운전해 가는 것과 같습니다. 이런 사람은 열심히 달리면 달릴수록 서울에서 점점 멀어지겠지요.

명상은 탐진치를 버리는 과정이며 놓아버리는 길입니다. 그 대상이 무엇이 되었든, 원하는 마음, 불만족 혹은 싫은 마음 등 그 모든 것을 놓아버리는 것이 명상입니다. 그러므로 명상을 하는 중에는 깨달음과 삼매, 행복과 평화를 모두 놓아버리세요. 원하는 대로 되지 않는 자신의 마음과 몸에 대한 불만도 모두 놓아버리고 만족하세요. 그리고 아무런 바람 없이 명상해보세요. 그러면 여러분은 탐진치의 문제들을 명상 공식에 따라 정확하게 풀고 있는 것입니다.

해야 할 일이 있다면

전력을 다해 그 일을 하라.

할 일이 아무것도 없다면

아무것도 하지 말라.

—

아잔 브람

명상은

자연이 하는 일

우리는 음식을 먹어서 몸을 유지합니다. 적절한 음식을 먹으면 몸을 건강하게 유지할 수 있지만, 음식을 제대로 먹지 않으면 건강이 나빠집니다.

덕행과 삼매와 지혜를 닦는 명상은 우리 마음을 건강하고 아름답게 만들어주는 마음의 음식입니다. 마음의 건강에 필요한 좋은 영양분을 듬뿍 담고 있는 음식인 것이지요. 어쩌면 이런 음식에 아직 익숙하지 않아서 그 맛을 모를 수도 있습니다. 하지만 현재 자신이 느끼는 맛과는 관계없이 이런 음식들은 언제나 우리 마음에 좋습니다.

입맛이 있건 없건 매일 습관적으로 매끼 식사를 하는 것처럼, 명상이 즐겁건 즐겁지 않건 명상하는 습관을 들여보세요. 밥먹듯이 호흡명상을 하고 자애명상을 하고 걷기명상을 해보세요. 마음이 점점 더 건강하고 행복해질 것입니다.

운전대를 너무 꽉 잡고 운전을 하면 몸이 뻣뻣해지고 어깨에 통증이 생기기도 합니다. 공을 던질 때 어깨에 너무 힘을 주면 공을 빨리 던질 수 없을뿐더러 얼마 지나지 않아 어깨가 아파오지요. 운전을 하든 운동을 하든 불필요한 힘을 쓰면 부작용이 생기는 것입니다.

우리 마음도 이와 비슷합니다. 지나치게 긴장하거나 마음에 너무 힘을 들이면 마음이 지치고 피곤해집니다.

어떤 측면에서 보면 명상은 힘을 빼고 에너지 소비를 줄이는 과정이라고도 할 수 있습니다. 명상을 할 때 힘을 빼면 뺄수록, 에너지를 적게 들이면 들일수록 명상이 더욱 발전한다고도 할 수 있지요.

그러니 어떻게 하면 힘을 빼고 에너지를 적게 들일 수 있을지를 항상 염두에 두고서 명상해보세요. 힘이 빠지고 에너지 소모가 적어지면 그에 비례해 마음의 고요와 평화, 행복은 더욱 커질 것입니다.

자연은 있는 그대로 내버려둘 때 가장 아름다운 것 같습니다. 사람들의 손길과 발길이 닿는 데 비례해 자연의 순수한 생명력과 아름다움도 사라지지요.

명상을 할 때도 마음을 지나치게 통제하려는 탓에 본래 마음의 고요와 평화를 깨버리는 경우가 많습니다. 그러므로 때로는 명상을 할 때 스스로에게 이렇게 말해보세요.

'명상은 자연이 하는 일, 나는 그저 길을 비키고 쉴 뿐.'

마음에서 생각을 모두 비워내보십시오.

아무런 생각이 남지 않을 때까지 비워보십시오.

그러면 호흡이 저절로 드러날 것입니다.

잔디와

명상

며칠 전 한 남자분이 신불사를 방문했습니다. 이 절에 다니는 부인을 따라 처음으로 절에 온 것이었습니다. 이분들께 차도 한잔 드리고 절 구경도 시켜드렸습니다. 그는 조경과 관련된 일을 하고 있어서 사찰을 장엄하게 둘러싸고 있는 여러 나무와 꽃들을 흥미롭게 구경했습니다. 그러다 며칠 전에 심은 주차장의 잔디를 보게 되었습니다.

잔디를 훑어보며 그는 이렇게 말했습니다.

"스님! 잔디에 물을 항상 주면 잔디가 튼튼하게 자라지 못합니다. 적당히 가물기도 해야 땅속 깊이 뿌리내리고 생명력이 강해집니다. 그리고 잔디가 자라기 시작하면 자주 깎아줘야 합니다. 그래야 스스로 살기 위해 뿌리를 뻗으며 주위로 빨리 퍼져나갑니다. 나무도 마찬가지로 물을 너무 자주 주면 뿌리를 깊이 내리지 못합니다. 악조건에서 자란 놈들이 건강하죠. 사람과 비슷한 것 같아요."

이 말을 듣고 저는 미소를 지었습니다. 그러고는 이렇게 말했습니다.

"맞는 말입니다. 세상의 원리는 서로 다 통하는 것이지요. 자연이나 사람이나. 하나의 이치가 다 통하니 '일이관지(一以貫之)'라는 말이 맞는 것이겠지요."

가혹한 환경을 이겨내고 살아남은 잔디와 나무가 건강하고, 역경을 극복하고 성공한 사람이 세상의 풍파에 쉽게 흔들리지 않습니다. 이런 이치는 부처님의 가르침을 배우고 실천하는 일에도 똑같이 적용되는 것 같습니다. 저는 이런 얘기를 자주 듣습니다.

"스님! 일이 너무 바빠서 기도할 시간이 없어요. 앉아서 명상할 여유도 없고요. 이번 일이 잘 끝나고 여유가 생기면 그때 명상을 할까 생각중이에요. 제가 돈을 빨리 벌어서 일찍 은퇴하면 부처님 공부에 매진할 수 있겠죠? 집에서는 분위기가 안 잡혀서 명상을 못하겠어요."

우리에게는 명상을 방해하는, 기도를 방해하는, 부처님 공부를 방해하는 수많은 이유들이 존재합니다. 저마다 가혹한 환경과 악조건들을 가지고 있기 때문이지요.

저도 그랬던 것 같습니다. 명상에 방해가 되는 악조건들에서 벗어나려 출가를 했습니다. 그리고 출가를 하고서도 명상에 좋다고 생각하는 환경만을 찾아다니며, 선원에서 수행하기도 하고 인적 끊긴 깊은 산중에서 지내기도 했습니다. 그것도 부족해 해외 오지의 조용한 수행처들을 찾아다니기도 했고, 세 평도 채 되지 않는 무문관에 자신을 가둬보기도 했습니다.

물론 이런 경험들이 저를 좀더 성숙하게 해주고, 명상에도 도움이 되었던 것은 사실입니다. 하지만 저의 경험을 반조해보면, 밥 먹는 시간을 제외하고는 하루종일 명상할 수 있을 만큼 시간이 많을 때도, 아무런 소음 없는 아름다운 환경에 있을 때도, 항상 명상이 잘되는 것은 아니었습니다. 오히려 시간은 없지만 조금이라도 낼 수 있는 그 시간을 소중히 여기며 백퍼센트 활용할 때나, 시끄럽고 좋지 않은 환경에서도 최선을 다할 때 등 악조건에서도 그 순간에 최선을 다했을 때 명상에 발전이 있었던 경우가 많았습니다.

악조건에 굴하지 마십시오. 좋지 않은 환경 때문에 부처님 공부를 포기하지 마십시오. 식물들이 가뭄을 견디며 땅속에 더 깊이 뿌리를 내리듯, 눈앞에 닥친 크고 작은 장애물을 지혜롭게 극복하면 여러분은 더욱 성숙해지고 명상은 더욱 깊어질 것입니다.

과거에 했던 일 때문에 후회하지 마십시오. 미래에 예상되는 일 때문에 쓸데없이 걱정하지 마십시오. 과거에 대한 후회도, 미래에 대한 불안과 걱정도 단지 환영일 뿐입니다. 환영은 그것이 환영인 줄 알면 사라집니다. 실제로 존재하지도 않는 환영을 실재한다고 착각하며 자신의 인생을 낭비하지 마십시오. 이것은 시간의 낭비일 뿐 아니라 고통의 원인입니다.

바로 이 순간만이 존재한다고 생각하십시오. 바로 이 순간을 최대한 음미하고 즐기려 노력하십시오. 바로 이 순간은, 놓쳐버리면 다시는 돌아오지 않습니다. 여러분의 인생에서 바로 이 순간을 잃어버린 것입니다.

바로 이 순간에 최선을 다하기!

바로 이 순간에 만족하기!

바로 이 순간을 즐기기!

이것이 바로 명상에 있어 최고의 기술이자 행복한 인생을 위한 최고의 기술입니다.

3부 ○ 명상 수업

1강

명상 시작하기

부처님은 어떻게 명상을 시작하셨을까

본격적으로 명상에 들어가기에 앞서 먼저 불교 명상에 대해 알아보는 시간을 가지려 합니다. 불교 명상이 무엇인지 알려면 우선 불교가 무엇인지 알아야 합니다. 불교를 알려면 석가모니 부처님에 대해 알아야 합니다. 부처님이 실제로 어떤 문제의식을 갖고 나름의 명상을 통해 깨달음을 성취하여 이런 가르침을 펴게 되었는지를 알아야 할 것입니다.

불교는 다른 종교와 달리 신을 섬기고 믿음으로써 궁극적인 목표에 이르는 종교가 아닙니다. 물론 어느 정도 믿음도 필요하지만, 기본적으로 스스로 명상을 통해 정신적 계발을 이루어 석가모니 부처님과 똑같은 존재가 되는 것이 궁극적인 목표입니다. 이것이 불교의 가장 핵심적인 부분입니다.

불상을 한번 보십시오. 부처님은 사실 우리와 다른 존재가 아닙니다. 불교를 만든 부처님도 우리와 같은 인간이기에 여러 고통을 받았고 그런 괴로움의 세계에서 살았지만, 명상을 통해 마음의 모든 집착과 번뇌들을 돌려 완전한 깨달음을 얻은 부처가 되었습니다. 인간으로서 명상을 통해 인간의 고통을 벗어난 존재가 되었습니다. 처음부터 초월적인 존재였던 게 아니라 우리와 똑같은 인간이었던 것입니다. 인간으로서 바른 명상을 통해 모든 고통에서 벗어난 깨달음의 존재, 아라한이라고도 하고 부처라고도 하는 그런 존재가 되었습니다.

부처님의 원래 이름은 싯다르타입니다. 그는 인도 작은 왕국의 왕자로 태어났습니다. 그는 어렸을 때부터 고민이 많았습니다. 우리에게도 많은 고민거리들이 있지요. 요즘처럼 복잡한 시대에는 고민이 더 많지만, 2500년 전 단순한 농경사회에서 태어난 그도 고민이 많았습니다.

왕자로 태어나 경제적으로 부유하고 물질적인 부족함이 전혀 없었지만, 그는 어린 시절부터 번민에 싸여 있었습니다. 지금은 젊고 건강하지만 결국은 늙을 것이고 병들 것이고 죽을 것이 아닌가, 나도 똑같은 운명을 가진 존재이니 결국은 늙고 병들고 죽는 과정에서 많은 고통을 받을 텐데 이것은 피할 수 없지 않은가, 맥없이 그런 운명을 수동적으로 기다리며 살 것인가, 마치 사형수처럼 그런 시간이 오기만을 기다리며 살 것인가, 그는 이런 생각을 했습니다.

그러다 인생의 근원적인 것들을 해결하기 위해 명상을 하는 사람들이 있다는 것을 알게 되었습니다. 그 당시에 그렇게 명상을 하는 집단을 사문이라고 했습니다. 그들은 집을 버리고 숲으로 들어가 밀림이나 동굴에서 명상을 하며 인생의 근원적인 고통의 문제들을 해결하려 했습니다. 싯다르타는 그런 사람들이 있다는 걸 알고서 그런 삶이야말로 자신이 추구해야 할 길이라고 확신했습니다. 그리고 그 길을 걸으면 자신이 그동안 갖고 있던 고민들, 인생의 문제들을 해결할 수 있을 것이라고 생각했습니다.

그래서 그는 자신의 왕국을 버리고 부모와 친척들과 아내와 어린 아기를 남겨두고 출가를 했습니다. 출가해서 여러 시행착오를 거치며 깨달음에 이르는 방법을 찾았습니다. 그리하여 결국 명상을 통해 완전한 깨달음에 이릅니다.

완전한 깨달음을 이루고 나서야 자신의 여러 고통의 문제들, 자신이 가장 적극적으로 문제의식을 가졌던 늙음과 병듦과 죽음에 대한 문제들, 그리고 그보다 작지만 마음을 괴롭히는 고뇌와 슬픔을 완벽하게 해결하는 경지에 이르렀습니다.

그렇게 깨달음에 이르고 나니 아주 행복했습니다. 이렇게 행복한 경지가 있는데 혼자만 이것을 아는 것이 안타까웠습니다. 그래서 인연이 있는 사람들에게 자신이 걸어온 길을 가르쳐주어 자신과 똑같은 존재가 되게 하자고 결심합니다. 그리하여 많은 사람들에게 자신이 경험한 기적을 가르칩니다. 그러자 그들도 그와 똑같은 완전한 깨달음에 이르렀습니다. 완전한 깨달음은 완전한 행복이라고 할 수 있습니다. 그렇게 완전한 행복에 이른 이들, 훌륭한 스승들, 재가의 가정생활을 하면서 부처님을 따르는 훌륭한 제자들이 많이 나타나게 되었습니다.

그러면서 그 가르침이 인도를 넘고 중앙아시아를 거쳐 중국을 지나 한국에 전해지기도 했고, 남쪽으로는 스리랑카를 거쳐 미얀마, 태국, 라오스, 캄보디아를 거치면서 새로운 불교가 전파되기도 했습니다. 현재는 아메리카 대륙과 유럽까지 불교가 많이 전파되고 있습니다. 그렇게 불교가 지금까지 전해진 것입니다.

명상의 목적

부처님도 인생의 문제들에 대한 괴로움 때문에 그 괴로움에서 벗어나기 위해 명상을 하셨습니다. 실제로 불교 명상은 좀더 행복해지는 것이 그 목적입니다. 명상을 하면서 깨달음을 얻기도 합니다. 하지만 깨달음에 이르지는 못하더라도 나름대로 노력을 기울이면 세상의 괴로움에서 벗어나 행복에 이를 수 있다는 것이 불교의 가르침입니다.

사람들은 행복을 바랍니다. 행복한 가정을 꾸리려 하고, 직업을 갖고 돈을 벌어 가족을 부양하면서 나름대로 행복을 추구합니다. 직업적 성취를 통해 행복을 추구하기도 하고, 좋은 차, 좋은 옷, 좋은 시계를 갖거나 좋은 음식을 먹으면서 행복을 찾으려 하고, 친구와의 관계에서 행복을 찾으려고도 합니다. 나름대로의 방식으로 행복을 찾으려 합니다. 하지만 뭔가 부족함을 느끼는 경우가 많습니다.

예를 들면, 지금 20평 집에 사는데 40평 집에 살게 되면 더이상 바랄 게 없을 것 같다는 생각을 합니다. 그 목표를 이뤄 40평 집에 살게 되면 처음에는 기분이 좋습니다. 더이상 바랄 게 없을 것 같지만 조금만 지나면 40평 집을 가진 행복은 사라집니다. 또다른 것을 원하게 됩니다. 더 큰 집으로 이사 가고 싶은 생각이 들거나, 집에 대한 욕심은 사라져도 자녀들이 공부를 더 잘했으면 좋겠다거나 하는 다른 바람이 생깁니다. 아이가 공부를 열심히 해서 성적이 오르면, 그다음에는 남편이 술을 마시지 않고 집에 일찍 들어왔으면 좋겠다는 욕심이 생기지요. 하나를 성취하면 또다른 것을 원하게 됩니다. 갈증이 나는 것입니다. 뭔가를 계속 갈구하게 됩니다. 그렇게 새로운 목표가 계속 생기고, 마음속에서는 불만족과 괴로움이 끊이지 않습니다.

살아가다보면 가정과 직장에서 여러 가지 스트레스를 받습니다. 몸이 아파서 괴롭기도 하지요. 이렇게 사람들은 잠시 행복을 느끼지만 안정적인 행복, 궁극적인 행복은 누리지 못합니다.

불교에서도 행복을 얘기합니다. 불교적인 행복을 얻는 방법은 세속에서 행복을 얻는 방법과 상당히 다릅니다. 세상의 행복은 뭔가를 가짐으로써, 뭔가를 성취함으로써 행복해지는 것, 즉 욕망을 채우는 것입니다. 그런데 불교적 행복은 사실 그 반대입니다. 자신이 갖고 있던 집착을 버림으로써, 자신이 갖고 있던 욕심을 버림으로써 행복해지는 것입니다.

불교에서는 집착 때문에 고통이 온다고 봅니다. 집착을 다른 말로 하면 욕심, 뭔가 바라는 마음입니다. 불교 명상은 그런 집착이나 욕심을 버리기 위한 방법입니다. 사람들은 뭔가를 버리는 것에 본능적인 거부감이 있습니다. 뭔가를 가져야 채워지고 행복해진다고 생각하기 때문이지요. 사실 그렇기 때문에 끊임없이 괴로움에 빠지는 것인데 말입니다.

불교에서는 놓아버림을 얘기합니다. 잡고 있던 것을 놓아버리면 행복해질 수 있다고 합니다. 우리는 특히 과거와 미래에 대해 많이 집착합니다. 우리를 괴롭히는 문제 가운데 99퍼센트가 과거 일에 대한 자책과 후회, 그리고 미래에 대한 걱정, 불안들입니다. 과거에 대한 후회가 없고 미래에 대한 걱정이나 불안이 사라지면 자신이 갖고 있던 괴로움과 스트레스의 99퍼센트가 사라집니다.

요즘 등산을 다니는 분들이 많은데, 그분들의 복장을 보면 히말라야 등반을 해도 될 정도입니다. 배낭에 이것저것 넣어 커다란 짐을 메고 산에 오릅니다. 물통만 하나 달랑 메고 산에 오르면 훨씬 가볍게 오를 수 있을 텐데 말입니다. 사람들은 그처럼 평소에 한 50킬로그램쯤 되는 짐을 항상 짊어지고 있으면서도 자신이 왜 힘이 드는지 잘 모릅니다. '왜 이렇게 무겁지? 왜 이렇게 땀이 나지? 왜 이렇게 허리가 아프지? 잠깐 서 있었는데 왜 다리가 아프지?' 이렇게 도대체 이유를 모르겠다고 생각합니다. 그것은 바로 평소에 과거와 미래에 관한 50킬로그램짜리 짐을 항상 짊어지고 있기 때문입니다. 짐을 항상 지고 있으니 힘든 것이지요. 그런데 본인은 힘든 원인을 잘 모릅니다. 짐이 진짜 보물인 줄 알고 계속 메고 있을 뿐입니다. 그런데 그 짐이 얼마나 징그러운 짐인지 깨닫고 잠시라도 놓아보면 알게 됩니다. '정말로 어깨가 가벼워지는구나, 몸이 정말 편해지는구나' 하고요. 왜 부처님이 과거와 미래를 놓아버리라고 하셨는지 이제야 이해가 됩니다.

명상은 자신을 짓누르고 있는 과거와 미래의 짐을 놓아버리는 것에서 시작합니다. 예를 들어, 물컵을 들고 있다고 해볼까요. 물컵을 들고 있는 것쯤은 아무것도 아니지요. 하지만 물컵을 세 시간 정도 들고 있으면 어떻습니까? 팔이 저리고 아프고 아주 고통스러울 것입니다. 그런데 물컵 자체가 무거운 건 아닙니다. 세 시간 동안 물컵을 계속 들고 있어서 무겁고 고통스러운 것이지요. 잠시라도 컵을 바닥에 내려놓으면 무게가 전혀 느껴지지 않습니다. 팔이 아플 일도 없습니다. 물컵 자체가 자신을 괴롭게 하는 건 아닙니다. 이 물컵을 계속 들고 있어야 한다는 생각으로 계속 들고 있어서 괴로운 것입니다. 물컵을 들어야 한다는 집착 때문에 괴로운 것입니다.

물컵을 계속 들고 있는 것처럼 사람들은 평소에 과거의 일들을 계속 되새기고 생각하려 하는 집착을 보입니다. 그리고 미래의 일어나지 않은 일에 대해 계속 생각하고 불안해해야 한다는 집착이 있습니다. 그에 대해 한번 숙고해볼 필요가 있습니다. 과거는 지나가버린 것으로, 돌이킬 수 없습니다. 이제 본인이 할 수 있는 게 아무것도 없는데도 후회하고 생각합니다. 아무 소용없는 일이죠. 문제는 그 자체가 고통을 가져온다는 것입니다. 엄청난 무게로 정신과 마음을 짓누른다는 것입니다. 미래에 대한 걱정과 불안감도 마찬가지입니다.

학생들은 시험을 앞두고 공부하는 시간보다 시험 걱정을 하는 시간이 더 많습니다. 회사원들은 중요한 일을 앞두고 자신이 할 일은 다 하고도 결과가 걱정되어 잠을 못 이룹니다. 내일 여행을 간다고 하면, 새벽에 일찍 출발해야 하는데 제시간에 일어날 수 있을지, 차가 막히지는 않을지, 좋은 숙소를 구할 수 있을지, 무얼 먹을지 등 습관적으로 온갖 걱정을 합니다.

미래는 아직 오지 않은 것이기에 쉽사리 예상할 수 없습니다. 미래에 일어날 일들은 대개 예상을 빗나갈 때가 많습니다. 실제로 일어나지도 않을 일들을 마음속으로 가정하다보니 온갖 불안과 걱정이 생기는 것입니다. 그런 것들이 우리를 괴롭힙니다.

그런데 이에 대해 인식하지 못하면 계속 그렇게 살게 됩니다. 과거의 생각들, 미래에 일어나지 않을 일에 대한 불안감, 걱정들이 이미 습관이 되어 있기 때문입니다.

이것이 자신을 괴롭히는 것이라고 생각하고서 과거나 미래에 대해 자꾸 생각하지 않는, 집착하지 않는 정신적 훈련을 해야 합니다. 훈련을 통해 마음의 습관을 바꿔줘야 합니다. 그러기 위해서는 첫째로 여기에 대한 인식이 필요합니다. '이것은 나 자신을 괴롭히는 것이로구나, 괴로워할 필요가 없는데 괴로워하고 있구나' 하고 문제점을 인식하고 그다음에는 놓아버리는 훈련을 해보는 것입니다.

훈련을 통해 과거 일에 대해 자꾸 생각하지 않는 연습, 미래에 대해 걱정하지 않는 연습, 그렇게 하면서 현재 이 순간에 항상 깨어 있도록, 자신의 주의력이 항상 현재에 머물러 있게 연습을 해야 합니다. 그렇게 하다보면 뭔가를 경험하게 됩니다. 과거나 미래에 대해 습관적으로 걱정하거나 후회했던 것이 얼마나 어리석었는지를 깨닫고, 현재 순간에 몰입해 있는 상태가 얼마나 편안함과 행복을 가져다주는지를 스스로 알게 됩니다.

그러면서 과거와 미래에 대해 걱정하고 불안해하지 않아도 인생은 편안하게 잘 돌아가며, 오히려 행복하고 스트레스 없이 살아갈 수 있다는 것을 경험하게 됩니다. 그리고 현재 일에 훨씬 몰입하게 되어 더 좋은 결과를 낼 수 있다는 것을 깨닫게 되면서 마음이 점점 변화를 받아들입니다.

마음의 특성

우리의 마음에는 독특한 특성이 있습니다. 우리 몸은 꾸준히 운동을 하면 힘이 세집니다. 그런데 우리 정신은 좀 다릅니다. 정신 에너지는 마음이 깨어 있는 상태로 가만히 멈춰 있을수록 점점 쌓입니다.

우리 마음이 과거에 대한 생각과 미래에 대한 걱정, 불안 등으로 뛰어다니면 풍선에서 바람이 빠지듯 마음속에서 에너지가 쭉쭉 빠지기 시작합니다. 에너지가 빠져나가면 마음에서 활기가 사라지고 마음이 빛을 잃기 시작합니다. 마음이 현재 순간에 가만히 머물러 있으면 마음의 에너지가 점점 모이기 시작합니다. 모이는 시간이 오래 지속되면 마음이 밝아지고 에너지가 쌓이면서 마음에 즐거움이 생겨납니다.

그리고 강한 알아차림과 집중력이 생기면서 마음에서 기쁨의 에너지가 샘솟는 사람이 됩니다. 현재 이 순간에 고요하게 머물러 있으면 있을수록 마음에 에너지가 점점 쌓이고 거기서 행복이 저절로 나옵니다.

삼매(三昧, 오직 하나의 대상에 몰입되어 마음이 멈추는 상태)의 본질은, 마음이 현재 이 순간 이 자리에 머물러 있는 것입니다. 이는 고양된 정신의 상태입니다. 이 자체가 즐거움을 가져다주는 상태입니다. 이것이 명상의 첫번째 단계, 과거와 미래를 버리고 현재 이 순간에 머무는 연습입니다.

현재 이 순간에 머물러 있으면서 한 단계 더 나아가는 방법은, 생각을 버리면서 머무는 것입니다. 우리에게는 잡다한 생각들이 너무 많습니다. 이는 멈추지 않고 하루종일 계속 걷는 것과 똑같습니다. 생각이 많으면 마음이 피곤해집니다. 그러면 마음에서 에너지가 소진됩니다. 이것이 온갖 스트레스나 우울증의 원인이 되기도 합니다.

마음을 잘 관리하려면 잠시라도 생각을 쉬어주는 시간이 필요합니다. 하루에 단 십 분이라도 생각을 쉬는 연습이 필요합니다. 그런 시간이 바로 명상하는 시간입니다. 명상을 하면 생각이 쉬면서 마음이 그대로 이 자리, 이 순간에 머물러 있게 됩니다. 이 순간에 머물며 마음이 가만히 있으니 참 편안하지요. 편하니까 피로가 해소됩니다. 정신적 피로가 해소되고 신체적 피로가 해소되고, 그러면서 에너지가 쌓이기 시작합니다. 그 상태로 오래 머물면 머물수록 쌓이는 에너지는 점점 커집니다.

얼마만큼 그 상태로 머물 수 있느냐에 따라서 그 사람의 정신적 에너지의 양이 결정됩니다. 그 상태로 아주 오래 머물 수 있으면 그 사람은 굉장히 강한 정신적 에너지를 갖게 되고, 그 자체에서 마음속으로 큰 행복을 경험하게 됩니다. 정신적 에너지가 많아지면 그 자체가 우리에게 행복을 주기 때문입니다.

마음속에서 샘솟는 행복은 세속에서의 행복과는 다른 차원의 행복입니다. 숲속에서 명상을 하면 텔레비전도 없고 스마트폰도 없고 책도 없고 아무것도 없습니다. 힘들고 심심한 상황이지만 수행자들은 홀로 있으면서 큰 행복감을 느낍니다. 이 순간에 그대로 머물 수 있는 훈련이 되어서 마음속에 어마어마한 정신적 에너지가 생기기 때문입니다. 순수한 행복감을 느끼는 것이지요. 그런 사람에게는 세속의 그 어떤 행복도 그가 경험하는 행복과 비교가 되지 않습니다.

현재 이 순간에 머무는 명상

현재 이 순간에 머물러 있으려면 어떻게 해야 할까요. 현재에 일어나는 것은 모든 것이 현재의 대상이 될 수 있습니다. 지금 말을 하고 있으면 말하는 것이 현재의 대상이 될 수 있고, 살짝 바람이 불어 나뭇가지가 흔들린다면 그것도 현재의 대상이 될 수 있지요. 손을 흔들면 그 느낌도 현재의 대상이 될 수 있습니다. 거리를 걸을 때 자신의 발이 땅바닥에 닿는 그 느낌이 현재의 대상이 될 수도 있습니다.

과거와 미래에 대한 생각이나 관념이 아니라면 뭐든지 현재 알아차리는 대상이 될 수 있는 것이지요. 이는 자세와는 관계가 없습니다. 반드시 좌선을 하지 않더라도 현재 순간에 일어나는 것들을 알 수 있습니다.

하지만 좌선에는 유익한 점이 많습니다. 처음에는 조금 힘들지만 익숙해지면 좌선 자세가 가장 편안한 자세입니다. 다른 자세로는 오랫동안 한 자세로 있기가 어렵습니다. 아무리 값비싼 소파에 앉아 있어도 움직이지 않고 한 시간 동안 가만히 있으면 몹시 불편합니다. 하지만 좌선 자세로는 오랫동안 한 자세로 머물러 있을 수 있습니다. 좌선에 익숙해지고 명상에 집중한 상태에서는 한 자세로 오랫동안 머물 수 있습니다.

좌선 자세에는 몇 가지가 있습니다. 결가부좌, 반가부좌, 평좌 등이 있는데, 반가부좌나 평좌 정도가 보통 편안하게 할 수 있는 자세입니다.

먼저 반가부좌를 해보겠습니다. 왼발을 오른쪽 허벅지 밑으로 넣습니다. 오른발을 왼쪽 허벅지와 종아리 사이로 끼워넣습니다. 그리고 몸을 앞뒤로 살짝 움직이면서 균형을 잡습니다. 엉덩이 끝쪽을 쿠션으로 받쳐 약간 높여주면 좀더 편안하게 앉을 수 있습니다. 이렇게 하고 허리는 S 자로 곧게 펴면 좋지만, 다소 긴장이 될 수도 있습니다. 명상을 할 때 가장 중요한 것은 긴장을 푸는 것입니다. 허리를 편 상태에서 편안하게 느껴질 정도로 힘을 한번 쭉 빼고 편안하게 허리를 펴보십시오. 이것이 준비된 자세입니다.

반가부좌가 어려운 분들은 평좌를 하시면 됩니다. 반가부좌 자세에서 오른다리를 바닥에 살짝 내려놓으면 좀더 편안합니다. 이 자세를 평좌라고 합니다.

반가부좌와 평좌 중에서 편안한 자세를 취하십시오. 자신에게 맞게 허리가 바르면서도 긴장이 풀린 자세를 취하면 됩니다. 자세를 잡는 데 스트레스 받지 마십시오. 몸과 마음이 이완되고 편안하면 좋은 자세입니다.

이렇게 자세를 바르게 하고 편안하게 있으면 몸도 마음도 편안합니다. 이것이 바로 현재 이 순간에 머물러 있을 때의 편안함입니다. 이런 몸의 느낌을 기억하고 이 자리에 가만히 머물러 있으면서 눈을 감아보세요. 이제 명상에 들어봅니다.

호흡명상 유도 법문

손은 무릎 위나 발 위에 편안하게 놓으세요.

그리고 눈을 감으십시오.

지금은 밖에서 있었던 어떤 일에 대해서도 걱정하거나 생각할 필요가 없습니다.

지금 이 순간만은 다른 모든 일들을 내려놓고 몸과 마음을 편안하게 하십시오.

이제 주의력을 다리 부위로 가져가십시오.

좌선 자세로 앉아 있느라 다리에 약간의 압박이 느껴질 것입니다.

다리에서 긴장감도 약간 느껴질 수 있습니다.

다리 근육을 편안하게 이완시키십시오.

다리 근육이 이완되면 다리의 긴장도 조금씩 풀리기 시작합니다.

이제 주의력을 허리 부위로 가져가십시오.

여러분의 허리는 상체를 지탱하느라 약간 굳고 긴장되어 있을 것입니다.

허리 근육을 편안하게 이완시키십시오.

허리 근육이 이완되면 몸의 긴장도 눈 녹듯 녹기 시작합니다.

마음도 좀더 편안해질 것입니다.

이제 주의력을 어깨 부위로 가져가십시오.

평소에 긴장해 있으면 어깨가 굳기 쉽습니다.

굳은 어깨 근육을 편안하게 이완시키십시오.

어깨 근육이 이완되고 어깨의 긴장도 녹아버리면 마음의 긴장도 점점 녹기 시작합니다.

그러면 마음이 좀더 안심되고 편안해질 것입니다.

이제 주의력을 입 주위로 가져가십시오.

입 주위 근육들도 약간 굳고 긴장되어 있을 것입니다.

입 주위 근육들을 편안하게 이완시키십시오.

근육이 이완되면 여러분의 마음도 편안히 가라앉습니다.

이제 주의력을 눈 부위로 가져가십시오.

여러분의 눈도 하루종일 활동하느라 굳고 긴장이 쌓여 있을 것입니다.

눈 주위 근육에서도 힘을 쭉 빼고 긴장을 편안하게 내려놓으십시오.

긴장이 녹으면서 여러분의 마음도 점점 고요하고 평화로워집니다.

온몸의 근육을 다시 한번 편안하게 이완시키십시오.

근육이 이완되면 몸도 마음도 훨씬 더 평화롭고 고요해집니다.

아무것도 할 필요가 없습니다.

편안하게 이 순간에서 휴식하십시오.

호흡이 느껴진다면 편안하게 그저 호흡과 함께하십시오.

몸에 다른 느낌이 느껴진다면 그저 편안하게 그 느낌과 함께하십시오.

만약 다른 생각이 일어난다면 그 생각을 살짝 집어서 멀리 던져버리십시오.

그러면 생각은 사라지고 마음속에는 편안함과 고요함만이 남을 것입니다.

이런 식으로 좌선을 하면서도 현재 이 순간에 머물러 있는 명상을 할 수 있습니다. 그렇지만 살아가다보면 깨어 있는 한 현재 이 순간과 항상 접하게 되지요. 좌선을 할 수 있는 시간보다 할 수 없는 시간이 훨씬 많습니다. 그렇지만 그럴 때도 현재 이 순간에 깨어 있는 연습을 계속할 수 있습니다.

미래에 대한 걱정도 소용없고 과거에 대한 후회도 무의미하다는 인식을 하는 것이지요. 과거와 미래에 대한 생각을 내려놓으면 자연스럽게 현재에 집중할 수밖에 없습니다. 다른 생각들이 사라지면 현재 하고 있는 일들이 의식 속으로 들어옵니다. 이것이 바로 현재 이 순간에 깨어 있는 것입니다.

예를 들어, 컴퓨터 작업을 할 때면 온갖 잡다한 생각이 머릿속에 떠오릅니다. 보통 그런 생각에 끌려가게 됩니다. 끌려가면서 거기에 대한 생각을 하다가 다시 원래의 작업으로 돌아오게 됩니다. 그러면 일의 능률이 떨어지고 마음도 피곤해집니다.

작업하는 데만 몰입하면 피곤하기보다 편안함을 느낄 수 있습니다. 과거와 미래에 대한 생각들이 뒤섞이기 때문에 피곤함을 느끼는 것입니다. 이런저런 생각을 하면 마음도 어두워지고 정신적 에너지도 생기지 않습니다. 하지만 일에만 몰입해서 일을 마치고 나면 오히려 에너지가 생깁니다. 한 가지 일에 몰입하다보면 업무를 짧은 시간 내에 효율적으로 할 수 있을 뿐 아니라 마음에 에너지가 생기고 마음을 평화롭게 만드는 정신적 발전의 기초가 됩니다.

그러려면 훈련이 필요합니다. 미래로 뻗쳐나가려는 마음의 습성과 과거로 뻗쳐나가려는 마음의 습성들을 인지하고 자꾸 현재로 돌아와야 합니다. 밥을 먹을 때는 밥만 먹으려고 애쓰고 걸을 때는 걷는 데 집중하려고 애쓰는 것입니다. 이것이 쉽지는 않습니다. 그러므로 일단 인식이 필요하고 그다음에 적절한 기술이 필요합니다. 그중 한 가지를 가르쳐드리겠습니다.

다음날 중요한 약속이나 일정이 있어서 새벽 네시에 일어나야 한다고 가정해볼까요. 그런데 알람시계가 없어서 긴장을 하고 잠이 듭니다. 다음날 중요한 일이 있어서 네시에 꼭 일어나야 한다고 마음을 굳게 먹고 자면 알람이 울리지 않아도 세시 오십오분 정도에 잠에서 깬 경험이 있을 것입니다. 잠자리에 들기 전에 무의식에 암시를 주었기 때문이지요. 무의식이 이를 제대로 이해하고서 작용한 것입니다.

이것을 불교에서는 '알아차림'이라고 합니다. 빠알리어로 '사띠(sati)'라고 하지요. 현재 이 순간에 일어나는 일들을 알아차리는 것도 알아차림이지만 기억하는 능력도 알아차림입니다. 위의 예는 '사띠'의 기억하는 능력을 이용한 것입니다.

수학 공부를 한다면, 마음속으로 지금 이 시간부터 과거나 미래에 대해서는 생각하지 않겠다고 이야기해보세요. 과거나 미래에 대한 생각이 일어나면 그 즉시 다시 수학 공부로 돌아올 것이라고요. 이렇게 세 번 정도 반복해서 얘기합니다. 이렇게 명확하게 암시를 주면 마음에 각인이 됩니다. 수학 공부를 하다가 간식 생각이 나면 그 순간 자연스럽게 알아차립니다. 그러고서 다시 수학 공부로 돌아옵니다.

이렇게 훈련되기 시작하면 어떤 잡다한 생각들이 일어나도 마음속에서 알아차리면서 현재 순간으로 돌아옵니다. 하지만 이런 암시를 너무 자주 주어서는 안 됩니다. 일 분마다 한 번씩 암시를 주면 마음이 너무 피곤해집니다. 잊지 않을 정도로만 틈을 주고 암시를 줍니다.

이렇게 일주일 정도 연습해보세요. 자신의 마음에 암시를 주면서 과거나 미래에 대한 생각에서 벗어나 현재 이 순간에 깨어 있도록 몰입하는 연습도 해보세요. 아주 재미있을 것입니다. 의무라고 생각하지 말고 게임이라고 생각하며 해보세요.

잠들기 전에 명상으로 하루를 마무리해보세요.

전 세계 70억 인구 가운데 명상으로

하루를 마치는 사람은 거의 없습니다.

이렇게 명상하는 사람은 매우 특별합니다.

이른 새벽에 잠에서 깨어 명상으로 하루를 시작해보세요.

고요한 새벽의 여명을 명상으로 깨워보세요.

정신적으로 고양된 마음 상태로

하루를 시작하는 것은 매우 특별한 일입니다.

잠들기 전에 명상해보세요.

잠에서 깨어 명상해보세요.

명상을 하면 몸과 마음이 행복하게 충전됩니다.

2강

호흡명상 기초 수업

부처님이 깨달음에 이른 방법

부처님은 사십 가지 정도 되는 명상법을 가르치셨습니다. 그중에서 가장 중요한 명상법을 뽑자면 단연 호흡명상일 것입니다. 호흡명상이 부처님과 어떤 인연이 있는지 살펴보면 그 가치를 알 수 있습니다.

2600년 전 인도와 네팔의 접경지에 카필라라는 왕국이 있었습니다. 그 나라에서는 봄에 농사를 짓기 전에 농경제를 지냈습니다. 농경제는 나라에서 가장 큰 행사였습니다. 농경제에는 왕이 직접 황금으로 된 쟁기로 시범을 보이며 그해의 풍년을 기원했습니다. 그런데 그 나라에는 대여섯 살쯤 되는 어린 왕자가 있었습니다. 바로 이분이 훗날의 석가모니 부처님입니다. 그날 왕자도 부왕을 따라 농경제에 참석하게 되었습니다. 농경제는 성대했고 많은 사람들이 모여 분주하고 시끌벅적했습니다.

어린 왕자는 너무 시끄럽기도 하고 피곤하기도 해서 어딘가 조용히 쉴 만한 곳이 없는지 주위를 둘러보았습니다. 마침 행사장에서 조금 떨어진 곳에 아늑한 그늘을 드리운 잠부나무를 발견했습니다. 왕자는 그곳으로 가서 편안히 그늘 아래 앉았습니다.

그렇게 편안히 앉아 있으니 왕자의 마음이 점점 고요하고 평화로워졌습니다. 그리고 잠시 후 자신의 호흡이 드러나는 것을 느꼈습니다. 누구나 몸을 움직이지 않고 가만히 있으면 움직이는 것은 호흡밖에 없습니다. 이렇게 왕자는 자신도 모르게 호흡을 자연스럽게 알아차리게 됩니다. 또 그렇게 가만있다보니 호흡이 점점 더 부드러워지고 아름다워지기 시작했습니다. 마음은 고요하고 평화로워졌고, 또한 빛나기 시작했습니다.

그는 이 상태가 아주 즐거워졌고, 그렇게 즐겁다보니 점점 더 몰입이 깊어졌습니다. 그러면서 아주 큰 행복과 기쁨이 있는 몰입의 경지, 깊은 명상의 상태에 들게 되었습니다.

그때 부왕이 왕자가 없어진 것을 알고서 이곳저곳을 찾아다니다 나무 아래 앉아 있는 왕자를 발견했습니다. 그런데 나무 아래서 좌정한 채 명상을 하고 있는 왕자의 모습이 너무도 거룩하고 성스러워 자신도 모르게 어린 왕자 앞에서 절을 하게 됩니다.

이렇게 부처님은 어린 시절에 이미 깊은 명상을 체험했습니다. 그리고 세월이 지나 생로병사에 대한 깊은 의문을 품고 출가를 했습니다.

출가를 해서 처음에는 혼자서 명상을 해보았지만 생각처럼 잘 되지 않았습니다. 그래서 스승을 찾았습니다.

'그분들은 내가 고민하는 인생의 문제를 풀 수 있겠지! 영원한 행복에 이르는 법을 알고 계시겠지! 모든 고통을 소멸시키는 그 길을 알고 계시겠지!'

이러한 생각으로 그는 그 당시 유명한 스승들을 찾아 나서게 됩니다. 그런데 이런저런 스승들을 다 만나보아도 어느 정도의 경지를 이룬 스승은 있었지만 자신이 생각하는 완전한 깨달음의 경지에 이른 스승은 만날 수 없었습니다. 그래서 자신의 의지와 지혜로 혼자서 명상을 해보자고 결심하게 됩니다.

그 당시에는 명상을 하는 것은 즉 고행이라는, 고행주의가 만연해 있었습니다. 그래서 싯다르타도 온갖 고행을 하게 됩니다. 하루에 콩 한 쪽만 먹는, 그러다 하루에 콩 반 쪽만 먹는 극단적 단식을 하기도 하고, 또 어떤 경우에는 호흡을 참는 고행을 하기도 했습니다. 호흡을 억지로 참으면서 도끼로 머리를 내리치는 고통을 느끼기도 했고, 망치로 얻어맞는 듯한 두통을 경험하기도 했습니다. 이런저런 온갖 방식으로 인간이 할 수 있는 최고의 고행을 다 해보았습니다. 스스로 생각해봤을 때 과거에도 이렇게 고행을 한 사람은 없었고, 현재에도 없고, 미래에도 이 이상의 고행을 할 수 있는 사람은 없을 것이라는 결론에 이를 정도로 극한의 고행을 합니다.

파키스탄의 라호르 박물관에 부처님의 고행상이 있는데, 눈이 푹 들어가고 갈비뼈는 완전히 다 드러나고 뱃가죽은 척추에 달라붙을 정도로 바짝 마른 형상입니다. 부처님의 고행이 어떠했는지 잘 묘사한 유명한 작품입니다.

이렇게까지 고행을 했지만 자신이 생각하는 정도의 완벽한 깨달음에는 이를 수 없었습니다. 그래서 싯다르타는 한번 돌이켜 생각해봅니다. 6년이나 극한의 고행을 했지만 자신이 바라는 경지에 이르지 못했고, 깨달음에 이르지 못한 것을 보니 뭔가 잘못됐다는 생각에 다른 명상의 길을 모색하게 됩니다.

이런저런 생각을 하다 머릿속에 아주 어렸을 때 경험했던, 평화롭고 행복했던 깊은 명상 경험을 기억해냅니다. 그러고서 생각해봅니다.

'내가 이렇게까지 고행을 했는데 깨달음을 이루지 못했구나. 그렇다면 어린 시절에 편안한 마음으로 아주 행복하게 경험했던 어떤 명상의 상태가 깨달음으로 가는 길이 될 수 있을까?'

싯다르타는 다음과 같이 검토해보게 됩니다.

'어릴 때 경험했던 그 상태는 정말 평화롭고 행복했고 모든 욕망에서도 벗어난 상태였는데, 그동안 고행을 하면서 그런 상태를 경계해왔다. 그런데 그 상태는 전혀 해로울 것이 없고, 모든 욕망에서 벗어나 있고, 또 아주 즐겁고 행복한데 왜 그동안 이것을 두려워했던가? 왜 경계했던가? 이것은 피해야 할 것이 아니다. 바로 이런 식으로 마음을 계발해야 한다! 그리고 이렇게 명상한다면 분명 깨달음에 이를 수 있을 것이다. 이 길이야말로 깨달음으로 가는 길이다.'

이러한 확신이 마음속에 일어났습니다. 그러고서 자신의 몸을 살펴보니 오랜 고행으로 몸이 쇠약할 대로 쇠약해진 상태였습니다. 이런 몸 상태로는 어린 시절에 경험했던 명상의 경지에 이를 수 없다고 판단했습니다. 그래서 그때부터 탁발을 해서 좋은 음식을 먹고 몸을 회복합니다. 그러고서 보리수나무 아래로 가서 좌정을 하고 어린 시절에 했던 호흡명상을 합니다. 처음에 초선정을 경험하고, 그다음에 더 깊은 명상에 들어 이선정, 삼선정, 사선정을 경험하게 됩니다.

그리고 청정하고 몰입된 이 강력한 마음 상태로, 전생을 보는 쪽으로 마음을 기울여 숙명통(宿命通)을 열고 자신의 수많은 과거생을 보게 됩니다. 그리고 그다음에 천안통(天眼通)이 열려 중생이 업에 따라 윤회하는 모습을 봅니다. 그러고 나서 깊은 삼매를 통해 고요해지고 집중된 마음 상태를 번뇌의 소멸로 돌려 모든 번뇌를 완전히 소멸시키게 됩니다. 그렇게 완전한 깨달음에 이르러 아라한이 되었고, 부처님이 되었습니다.

이렇게 깨달은 이가 나오면서 불교라는 종교가 탄생한 것입니다.

이 이야기에서 알 수 있듯이 불교라는 종교를 만든 부처님이 깨달음을 이루게 된 계기가 바로 어린 시절 호흡명상을 통해 경험한 초선정의 경지입니다. 바로 이런 경지가 결국은 부처를 깨달음으로 이끈 것입니다.

이처럼 호흡명상은 부처님이 깨달음에 이를 때 실제로 하셨던 명상법입니다. 그래서 호흡명상은 불교에서 빼놓을 수 없는 중요한 명상법입니다.

호흡명상, 아나빠나사띠

호흡명상을 원어로는 '아나빠나사띠(ānāpānasati)'라고 하는데 '아나빠나(ānāpāna)'는 들숨과 날숨이라는 뜻이고 '사띠(sati)'는 알아차림이라는 뜻입니다. 즉 아나빠나사띠는 들숨과 날숨을 알아차리는 명상입니다. 이처럼 호흡명상은 복잡한 것이 아닙니다. 들숨과 날숨을 단지 알기만 하면 되는 것입니다.

이렇게 간단한 명상을 통해 부처님은 깨달음을 이루셨습니다. 쉽게 생각하면 아주 간단한 방법입니다. 우리는 언제나 호흡을 하고 있습니다. 알아차리든 알아차리지 못하든 살아 있는 한 호흡은 언제나 우리와 함께합니다. 그러니 얼마나 좋습니까? 어디 가서 찾을 필요도 없고, 애써 구할 필요도 없습니다. 언제 어디서나 할 수 있는 아주 좋은 명상법이 호흡명상인 것입니다.

그런데 일반적으로 호흡명상이라고 하면 단전호흡이라고 생각하는 경우가 많습니다. 이러한 호흡법은 주로 몸의 에너지를 계발하는 측면이 강합니다. 그리고 호흡을 조절하는 특징을 가지고 있습니다. 그런데 불교에서 말하는 호흡명상은 이와 완전히 다릅니다.

불교의 호흡명상은 육체의 에너지를 계발하는 것이 아니라 마음을 계발하고 선정을 닦는 데 초점을 맞춥니다. 그리고 기본적으로 불교의 호흡명상은 호흡을 조절하는 것이 아니라 자연호흡을 그 대상으로 합니다.

자연호흡이란 뭘까요? 우리는 지금 호흡을 하고 있지요. 앉아 있으면서, 걸어가면서 늘 호흡을 합니다. 이것이 자연호흡입니다. 이렇게 자연스럽게 언제나 쉬고 있는 숨을 말하는 것입니다. 자연호흡을 할 때는 신체에 이상이 없는 한 아무런 힘이 안 듭니다. 때로는 거칠고 때로는 미세합니다. 신경을 쓰든 안 쓰든 호흡은 저절로 일어나고 있습니다. 이러한 자연호흡을 대상으로 해서 알아차리는 것입니다.

그런데 재미있는 것은, 평소에는 아무 문제없이 하던 호흡도 "자세를 잡고 호흡을 지켜보세요. 호흡을 알기만 하면 됩니다"라는 말을 따라 호흡을 알아차리려 하면 그때부터 힘들어지기 시작한다는 것입니다.

자기도 모르게 호흡을 통제하려 하기 때문입니다. 자연호흡은 그대로 놔두면 아무런 힘이 들지 않습니다. 그런데 들숨, 날숨을 알아차리려고 하면, 자기도 모르게 호흡을 통제하려고 합니다. 호흡이 거칠면 미세하게 만들려 하고, 길면 짧게 만들려 합니다. 이렇게 호흡을 통제하다보니 몸의 리듬과 호흡이 맞지 않게 되고, 그래서 불편하고 힘들어지는 것입니다.

그러면 호흡을 어떻게 알아차려야 할까요? 한번 생각해보세요. 여러분이 한 호흡을 하면 그 한 호흡을 알 수 있습니다. 들이쉬고 내쉬는 것을 알 수 있습니다. 이 한 호흡을 알아차려보세요. 그리고 이것이 계속 연장된다고 생각하세요. 호흡이 들어오면 들어오는 줄 알고, 나가면 나가는 줄 아는 것, 이것을 늘인다고 생각해보세요.

그런데 보통 호흡을 알아차리라고 하면 군인이 보초를 서듯 그런 마음으로 호흡을 보는 사람이 많습니다. 눈을 부릅뜨고 잠시도 눈을 깜박이지 않고 호흡을 지켜보려 합니다. 이는 잘못된 접근 방식입니다. 호흡명상은 조금 다르게 접근해야 합니다.

마음속으로 몰디브의 아름다운 해변을 상상하며 자신이 그곳에 있다고 생각해보세요. 그리고 그 해변에서 야자수 그늘 아래 편안한 의자에 반쯤 누워 있다고 상상해보세요. 시원한 바람이 불어오고, 눈앞에는 아름다운 수평선이 펼쳐져 있고, 모래가 반짝반짝 빛나고 있는 모습을 한번 상상해보세요. 그렇게 안락의자에 앉아 있으면 긴장할 일, 머릿속이 복잡할 일이 하나도 없지요. 바로 이런 마음가짐으로 명상을 해야 합니다.

그렇게 편안하게 해변에 앉아 있으면, 바다에서 수영하는 사람들도 보이고, 바나나를 들고 지나가는 이들도 보이고, 또 스노클링 장비를 들고 지나가는 이도 보이고, 음료수를 팔려고 돌아다니는 장사꾼도 보이고, 신나게 뛰어다니는 아이들도 보이고, 때로는 갈매기도 보일 것입니다. 이런 풍경을 보는 것이 힘들까요? 안락의자에 앉아서 편안하게 이런 풍경들을 지켜볼 수 있지요. 편안하게 가만히 있어도 그냥 그런 것들이 다 보입니다.

마찬가지로 명상할 때도 마음을 편안하게 하는 것이 중요합니다. 그렇게 편안하게 있어도 호흡을 다 지켜볼 수 있습니다. 호흡 명상을 할 때는 기본적으로 이런 마음가짐을 가져야 합니다. 휴가를 와서 편안하게 쉬고 있다는 마음을 가지세요.

다른 비유를 들어볼까요. 밖에서 바람이 살짝 불고 있는데 100미터 달리기를 하듯 전력 질주를 한다고 생각해보세요. 그 사람은 살짝 불어오는 바람을 느낄 수 없을 것입니다. 자신이 너무 빨리 뛰고 있어서 바람이 부는지 안 부는지 알 수 없기 때문입니다. 하지만 그늘진 벤치에 편안히 앉아 쉬고 있으면 바람이 살짝 불 때 그것이 전부 느껴집니다. 미세한 바람은 미세한 대로, 거센 바람은 거센 대로 전부 느낄 수 있습니다.

호흡도 마찬가지로 지켜보려고 마구 쫓아가면 마치 밖에서 100미터 달리기를 하듯 전력 질주 하는 것처럼 호흡을 찾을 수 없습니다. 그런데 그게 아니라 몰디브 해변에 편안히 앉아 쉬듯이 가만히 있으면 그 호흡이 저절로 다가옵니다. 호흡을 알기 싫어도 알게 됩니다. 이런 식으로 호흡명상에 접근해야 합니다.

휴식하듯 명상하기

호흡명상을 할 때에는 마음을 편안하게 쉬어야 합니다. 호흡은 알아차리려 쫓아간다고 해서 알아차릴 수 있는 것이 아닙니다. 마음이 이 자리에서 편안하게 쉬기 때문에 호흡을 저절로 알아차리게 됩니다. 호흡과 함께 그 자리에서 쉰다고 생각하면 됩니다. 이렇게 편안히 쉬고 있으면 마음이 충전됩니다.

이런저런 활동을 하느라 마음이 피곤하고 소진되어 있을 때, 호흡을 보면서 호흡과 함께 편안하게 쉬면 마음에서 빠져나갔던 에너지가 다시 모이고 지쳤던 마음이 충전되기 시작합니다. 이렇게 마음에 에너지가 모이면 마음이 즐거워지기 시작합니다. 그리고 거기서 기쁨이 솟아납니다.

그 상태를 계속 유지하면, 기쁨이 점점 더 커지고 호흡에 몰입되는 정도가 점점 더 깊어집니다. 그렇게 기쁨과 몰입이 함께합니다. 그러면서 마음속에 커다란 희열과 행복감이 일어나기도 하고, 나중에 호흡이 변해서 행복한 빛이 되기도 하고, 그보다 훨씬 더 깊은 법열, 굉장히 깊은 몰입의 경지에도 들게 됩니다.

그런데 그런 행복감은 마음이 호흡과 함께 그 자리에 편안하게 쉬기 때문에 생긴 것입니다. 마음이 그 자리에 편안하게 멈추는 것입니다. 이런 식으로 호흡명상이 발전합니다.

호흡명상을 또하나의 노동 혹은 일이라고 생각하면 안 됩니다. 힘들고 지칠 때 가는 휴가처럼 생각하면 좋습니다. 휴가를 가서 그 순간을 즐긴다고 생각하십시오. 그러면 호흡명상을 하는 시간이 일상을 살아가면서 지친 마음을 휴식할 수 있고, 정신적 에너지를 회복할 수 있는 시간이 됩니다.

이렇게 명상에서 굉장한 행복감을 얻을 수 있고, 그렇게 계속 명상을 하다보면 나중에는 궁극적인 완전한 깨달음, 다른 식으로 표현하면 '완전한 행복'을 얻을 수 있습니다.

명상이라고 해서 너무 어렵거나 너무 무겁게 받아들이지 않아도 됩니다. 진지하게 해봐야겠다고 생각하면 욕심이 생깁니다. 욕심은 명상에 장애가 됩니다. 그런 마음보다는 '이제 좀 쉬는 시간이구나! 명상을 하는 건 마음속의 몰디브로 휴가를 가는 것이구나!'라고 생각하면 좋습니다.

그리고 그런 마음으로 호흡과 오래 있다보면 마음속 휴가지 숙소의 등급이 올라갑니다. 처음에 잠깐 호흡과 함께 있으면 그때는 게스트하우스 정도에 머물게 됩니다. 그리고 그곳에 만족하고 편안하게 지내면 별 두 개짜리 정도 숙소가 됩니다. 또 거기에 만족하고 편안히 있으면 이제 별 네 개짜리 호텔로 옮기게 됩니다. 거기서도 만족하고 편안하게 머물면 별 네 개짜리 작은 호텔이 별 다섯 개짜리 특급 호텔로 변합니다.

마음 상태가 그곳에서도 만족하고 편안하게 있으면 이제 스위

트룸으로 가게 됩니다. 그래도 만족하고 편안하게 있으면 이제 두바이의 칠성급 호텔로 가게 됩니다. 시간과 돈을 들여 몰디브에 가지 않아도, 칠성급 호텔에 숙박하지 않아도 호흡과 함께 편안하게 있다보면 스위트룸이나 고급 호텔, 몰디브의 아름다운 해변보다도 훨씬 아름답고 행복한 마음의 휴식처로 갈 수 있습니다.

단 십 분만 호흡명상에 집중해보세요.

모든 번뇌가 사라질 것입니다.

오랫동안 비가 내리지 않아 가뭄이 들면

흙에서 먼지가 많이 날리지요.

그런데 마음이 그런 상태일 때,

즉 번뇌가 죽 끓듯 일고

마음에 먼지가 휘날리는 그런 상태일 때

호흡명상을 하면

먼지가 휘날리듯 어지럽던 마음이 즉시 가라앉습니다.

호흡명상은 마음을 가라앉히고

평화롭게 만들어주고

그와 더불어 마음을 행복하게 만드는

아주 강력한 방법입니다.

3강

호흡명상 심화 수업

호흡명상이 어려울 때

오랜만에 불단에 놓는 불기들을 닦았습니다. 불기들을 닦아놓으니 반짝거리며 광이 났습니다. 원래 이렇게 광이 나는 것인데 오랫동안 닦지 않아서 그 빛을 잃었던 것입니다. 광택제를 사용해 헝겊으로 닦으니 제 빛깔을 찾은 것이지요.

호흡명상도 이와 같습니다. 부드러운 헝겊으로 불기를 닦듯 호흡을 통해 우리 마음의 때를 닦는 것입니다. 살다보면 마음에 때가 많이 묻지만 그것을 닦을 기회가 좀처럼 없습니다. 그러다 명상을 하면 마음의 아름다운 빛과 광택을 되찾게 됩니다. 사실 이렇게 마음을 닦는 것이 쉽지는 않습니다.

우리 절의 사무장님은 나무는 잘 자르지만 불기를 닦고 나서는 어깨가 아프다고 합니다. 평소에 안 쓰던 근육을 써서 그렇습니다. 마찬가지로 명상도 평소에 하지 않던 정신적 활동을 하는 것이어서 처음에는 생각만큼 잘되지 않는 경우가 많습니다.

평소에 쓰지 않던 근육을 쓰면 익숙하지 않은 동작이 조금 어색하고 무리가 되는 경우가 있을 것입니다. 매일같이 불기를 닦다보면 필요한 근육이 발달되어 별로 힘들지 않고 금방 닦을 수 있습니다. 이처럼 명상에도 정신적 훈련이 필요하고, 이런 훈련을 자주 할수록 정신적 근육이 계발되어 나중에는 쉽고 편안하게 명상할 수 있습니다.

우선 실제로 명상을 해보면서 명상할 때 무엇이 잘 안 되는지 살펴보십시오.

호흡명상을 유도하는 법문

온몸에 힘을 빼고 눈을 편안하게 감으십시오. 모든 긴장을 잠시 내려놓으십시오. 지금 이 순간만은 다른 어떤 것에 대해 걱정할 필요도 생각할 필요도 없습니다. 마음의 모든 짐을 잠시 내려놓으십시오.

과거에 일어났던 일들도 지금 이 순간에는 걱정하거나 생각할 필요가 없습니다. 과거는 이미 지나가버린 것입니다. 과거에 관한 생각이나 걱정은 저 멀리 던져버리십시오.

미래의 계획이나 생각도 저 멀리 던져버리십시오. 미래는 아직 오지 않은 시간입니다.

과거와 미래에 대한 생각이나 걱정, 감정을 잠시 던져버리면 마음이 훨씬 가볍고 편안해질 것입니다.

주의력을 다리 쪽으로 가져가보십시오. 상체를 지탱하느라 다리가 약간 긴장하고 굳어 있음을 느낄 것입니다. 굳은 다리 근육을 편안하게 이완시키십시오. 다리 근육이 이완되면 긴장도 풀리면서 조금씩 고요하고 평화로워질 것입니다.

이제 주의력을 허리 쪽으로 가져가보십시오. 평소에는 몸을 지탱하느라 허리에 힘이 들어가고 긴장하기 쉽습니다. 허리에 힘을 빼고 긴장된 근육을 부드럽게 풀어주십시오. 허리 근육이 부드럽게 이완되면 여러분의 마음도 부드럽게 이완되고 마음이 좀더 편안해질 것입니다.

이제 주의력을 어깨 쪽으로 가져가보십시오. 일상생활 속에서 긴장을 하면 어깨가 굳기 쉽습니다. 굳은 어깨에서 편안하게 힘을 빼십시오. 어깨 근육을 편안하게 이완시키십시오. 어깨 근육이 이완되면 마음속 긴장이 눈 녹듯 스르르 녹고 좀더 평화롭고 고요해질 것입니다.

이제 주의력을 얼굴로 가져가보십시오. 평소에 긴장하고 있으면 얼굴 근육에 힘이 들어가고 굳기 쉽습니다. 얼굴 근육을 편안하게 이완시키십시오. 얼굴 근육에 힘이 빠지고 부드럽게 이완되면 마음도 좀더 부드럽게 이완되고, 깊은 고요와 평화 속으로 빠져들기 시작할 것입니다.

아무것도 할 필요가 없습니다.
아무런 생각도 할 필요가 없습니다.
그저 이 순간, 이 고요와 평화와 함께하십시오.

이제 주의력을 자신의 호흡으로 가져가보십시오. 호흡이 들어오면 들어오는 줄 알고 호흡이 나가면 그저 편안하게 나가는 줄 알면 됩니다. 호흡을 통제하거나 조절하려 하지 마십시오. 그저 자연스럽게 들숨과 날숨을 쉬면 됩니다. 절친한 친구와 함께하듯 들숨과 날숨과 편안하게 함께하십시오.

들숨과 날숨과 편안하게 함께하다보면 마음이 고요해질 것입니다. 만약 다른 생각이 일어나면 그 생각을 가볍게 잡아 던져버리십시오. 그러면 생각은 사라지고 여러분의 마음에는 고요하게 일어나는 들숨과 날숨만이 남을 것입니다. 그저 호흡과 편안하게 함께하십시오.

이렇게 좌선하여 명상을 하다보면 어떨 때는 삼십 분이나 한 시간이 오 분처럼 느껴지기도 하고, 어떨 때는 오 분이 오십 분처럼 느껴지기도 합니다.

처음에는 호흡에 집중하려 해도 여러 가지 생각들이 떠올라 어느새 딴생각에 빠질 때가 많을 것입니다. 때로는 졸음이 쏟아지기도 합니다. 잡념과 여러 가지 생각들이 명상을 하는 데 방해가 됩니다.

불교에서는 명상의 장애를 '오개(五蓋)'라고 합니다. '개(蓋)'는 '덮을 개' 자로, 평화로운 마음이나 행복한 마음을 장애가 덮어버린다는 의미입니다. 그래서 '오개'는 다섯 가지 장애를 의미합니다. 장애를 빠알리어로 '니와라나(nivarana)'라고 합니다. '니와라나'는

'문을 닫다', '어딘가로 들어가는 것을 막다'라는 뜻입니다. 즉, 명상을 통해 고요하고 행복한 상태에 들어가려 하는 것을 막는다, 삼매에 드는 것을 막는다, 깨달음에 드는 것을 막는다, 문이 닫혀 있다, 이렇게 표현할 수 있습니다. 이런 것이 명상의 장애입니다.

흔히 탐진치라고 하는 삼독심을 깨달음을 이루지 못하게 하고 평화를 누리지 못하게 하는 장애라고 말하는데, 오개는 그것을 다섯 가지로 좀더 자세히 분류한 것입니다.

명상을 방해하는 다섯 가지 장애

다섯 가지 장애 가운데 첫째가 감각적인 욕망, 둘째가 악의, 셋째가 나태와 혼침, 넷째가 들뜸과 후회, 다섯째가 의심입니다.

첫번째 방해 요소인 감각적 욕망은, 빠알리어로는 '까마찬다(kāmachanda)'라고 합니다. '까마(kāma)'는 오욕의 세계를 말합니다. 눈으로 보고 귀로 듣고 코로 냄새 맡고 입으로 맛을 보고 피부로 접촉하는 오욕의 세계입니다. '찬다(chanda)'는 이런 집착, 즉 오욕의 세계를 좋아하는 것, 눈, 귀, 코, 입, 피부가 느낌을 즐기고 집착하는 욕망을 말합니다.

예를 들어, 명상을 시작하면 평소에는 일어나지 않던 생각이 일어나고 이런저런 행동을 하고 싶어집니다. 냉장고 정리를 안 한 것이 생각난다든지, 앉아 있으니 다리가 저린 것 같아 신경쓰인다든지, 평소에는 주변 소음에 무신경한데 명상중에는 기침 소리도 신경쓰인다든지 하는 등 마음이 산란해집니다. 무엇인가 하고 싶은 감정이나 생각이 일어난다면 이것은 감각적 욕망이 일어난 것입니다.

조용한 곳에서 명상을 하는 이유는 감각적 대상에 집착하지 않도록 환경을 조성하기 위해서입니다. 가만히 좌선하고 앉아 있으면 다른 느낌이 방해를 덜 합니다. 눈을 뜨고 있으면 보이는 것들에 신경을 빼앗기므로 눈도 감습니다.

그러나 이런 조건을 만들어도 명상을 방해하는 다섯 가지 대상에 자꾸만 주의력을 빼앗기게 됩니다. 호흡을 바라보는 것은 사실 아주 간단한 일인데, 눈을 감고 있어도 뭔가가 보이는 것 같은 느낌들이 호흡을 지켜보는 주의력을 흩트립니다.

두번째 방해 요소인 악의를 살펴볼까요. 남을 싫어하고 미워하는 것도 악의입니다. 싫어하는 마음이 있다면 악의라고 할 수 있습니다. 그것이 자신을 향하든 남을 향하든 그 상태에서 싫어하는 마음이 생긴다면 악의가 일어난 것입니다. 어떤 사람이 싫으면 그 사람과 차 한잔을 마셔도 그 자리에서 빨리 벗어나고 싶습니다. 어떤 핑계를 대서라도 그곳을 빨리 벗어나고 싶습니다. 명상하는 상태가 싫으면 빨리 명상을 안 했으면 하며 몸을 움직이기도 하고 생각을 움직이기도 합니다. 이것도 악의의 장애가 일어난 것입니다.

현재 상태가 싫기 때문에 벗어나려 하는 것입니다. 현재 상태 말고 다른 상태로 도망가려 하면 명상을 할 수가 없습니다. 이 같은 악의가 명상을 방해하는 두번째 장애입니다.

세번째 방해 요소인 나태, 혼침도 악의와 비슷합니다. 무기력하고 깨어 있지 않으면 사람들은 현재 상태에서 벗어나고 싶어하는 욕망이 생깁니다. 나태, 혼침이 작용하면서 악의가 함께 작용합니다. 호흡명상이 재미없고 즐겁지 않으면 졸리는 상태로 가고 싶어집니다. 졸리는 것을 일종의 도피처로 삼아 우리의 무의식이 졸리는 상태로 가고 싶어합니다. 그래서 마음이 깨어 있지 않은 상태로 가게 되는 것입니다.

네번째 방해 요소인 들뜸은, 호흡명상에 집중이 되지 않고 자꾸만 딴생각이 나는 것입니다. 들떠서 다른 생각, 다른 감정으로 따라가게 되는 것이지요. 호흡명상을 하는 것이 불만족스러워서 자꾸 다른 생각을 하면서 마음이 떠다닙니다.

다섯번째 방해 요소인 의심은, 마음속으로 의심이 드는 것입니다. '내가 명상을 잘하고 있나? 호흡을 잘 바라봐야 하는데 이렇게 하는 게 맞나? 이렇게 하다가 이상해지는 건 아닌가? 긴장을 하고 있어야 하는 거 아닌가? 시간을 이렇게 보내도 되나? 명상을 하는데 이건 괜찮은 건가? 사이비는 아닌가?' 이 같은 의문이 들면서 계속 마음이 떠다니게 되는데, 이것은 들뜸과도 관계가 있습니다.

이 다섯 가지 속성을 정리해보면 기본적으로 두 가지 원리를 발견할 수 있습니다. 하나는 뭔가 매력적인 대상, 호흡보다 더 즐거운 대상으로 자신을 유혹하는 것입니다. 그러면 그것을 덥석 물게 됩니다. 호흡보다 더 재밌는 생각, 더 좋은 느낌이 있으면 그쪽으로 가게 되는 것입니다. 그러다보니 현재 호흡명상을 하는 것보다 다른 느낌이나 다른 현상으로 마음이 쏠리게 되고 호흡명상과 점점 멀어집니다.

또하나는 호흡명상을 하는 이 상태가 싫어서 여기서 벗어나 다른 것을 찾는 것입니다. 그러면 주의력이 다른 곳을 찾아가버려 명상이 잘 안 되고 장애가 발생합니다. 호흡명상 자체가 들숨과 날숨을 반복하는 이 상태를 편안하게 알아차리는 것인데, 결국은 편안하게 알아차리지 못하고 더 좋은 느낌을 찾아가거나 싫은 상태를 벗어나려는 것입니다.

그러면 이런 명상의 장애들로부터 어떻게 벗어날 수 있을까요? 이제 그 방법을 살펴보겠습니다.

다섯 가지 장애를 극복하는 방법

명상을 할 때 대부분의 사람들이 힘들어하는 것이 긴장감입니다. 호흡을 지켜보는데 마음이 편안한 게 아니라 점점 긴장이 됩니다. 명상을 하면 더 편안해져야 하는데, 평소에는 편안하고 긴장이 풀려 있다가 좌선을 시작하면 더 긴장되고 불편해지고 명상이 끝나면 오히려 다시 편안해지는 것입니다.

좀 이상하게 여겨질 수도 있지만 이는 대부분의 사람들이 부딪히는 문제입니다. 명상을 처음 시작한 사람도, 제법 명상을 해본 사람도 이 문제로 힘들어하는 경우가 많습니다. 이것 때문에 정신적으로 힘들기도 하고 몸이 굳기도 합니다. 초보 운전자가 운전대를 잡고 운전하고 나면 긴장감 때문에 어깨가 아픈 것처럼, 긴장한 채 명상을 하고 나면 오히려 불편함을 느끼는 것입니다. 이런 문제를 해결하는 방법은 다음과 같습니다.

사람들은 보통 명상을 하기 전에는 편안하고 호흡도 잘하는데, 명상을 하려고 자세를 잡고 앉으면 그때부터 호흡이 어려워지고 앉아 있는 것조차 힘이 듭니다. 명상을 준비하는 과정에서 긴장이 되어서 그렇습니다. 자세를 잡고 허리를 펴고 들숨과 날숨을 지켜보려 하는 단계를 거치다보면 긴장을 하게 됩니다. 준비 과정에서 차츰 긴장도가 높아지는데다가 시작을 알리는 죽비 소리가 울리면 더욱 긴장해서 전투태세로 이십 분에서 삼십 분가량 좌선을 하면 몹시 힘이 듭니다.

그러면 어떻게 해야 할까요? 준비 과정에서 긴장감이 높아지니까 준비 과정을 없애면 되겠지요. 호흡명상을 하기 위해 반가부좌를 하고, 허리를 세우고 하는 게 아니라 호흡명상에 대한 생각이 일어나자마자 즉각 명상을 시작하면 됩니다.

우리 의식은 작동하는 데 시간이 걸립니다. 긴장을 할 때도 시간이 필요합니다. 예상하지 못한 허를 찌르는 얘기를 들으면 머릿속이 하얘지면서 생각이 멈춰 말문이 막히듯이 의식이 작동하려는 시간을 없애버리면 되는 것입니다. 예를 들어 쉬는 시간에 커피를 타다가 호흡명상이 생각나면 그 즉시 바로 해버리면 됩니다. 자세고 뭐고 생각하지 않고 바로 명상을 시작하는 것이지요.

마음이 긴장할 여유가 없으니 생각도 일시적으로 멈춰버립니다. 스스로 하는 행동이지만, 자신이 스스로 허를 찌르는 것이지요.

쉬는 시간에 벤치에 앉으면서 그냥 호흡을 지켜봅니다. 이렇게 하면 호흡을 긴장감 없이 지켜볼 수 있습니다. 집에서 설거지를 마치고 거실로 걸어가면서 호흡명상을 하거나, 신문을 볼 때 신문을 펴면서, 혹은 업무를 할 때 업무 틈틈이 바로 호흡명상을 해보세요. 이렇게 하면 긴장할 여유가 없어 긴장하지 않은 채 호흡명상을 할 수 있습니다. 긴장을 놔야 하고 욕심도 놔야 합니다.

이런 식의 접근은 매우 좋은 방법입니다. 처음에 고요와 평화를 느끼게 되면 긴장을 풀게 되고, 이를 통해 편안함을 맛보면 명상이 좋다는 것을 알게 되어 다음에도 그렇게 하게 됩니다.

보통 호흡명상을 할 때 명상이 만족스럽게 되지 않는 경우가 많습니다. 책을 보면 명상에 대한 환상적인 묘사가 많이 나옵니다. 이것이 사실이기는 하지만, 그런 내용을 읽고 나면 자신이 너무도 부족하게 느껴집니다. 다른 사람들은 모두 명상을 잘하는 것처럼 보이고, 자신은 너무 부족한 것 같아서 자신에게 불만족이 일어납니다.

이때 바른 이해를 통해 만족감을 일으킬 수 있습니다. 현재 상태가 불만족스럽게 여겨지면 그 불만족이 쌓여 즐거움이 사라집니다. 그러면 마음속에서 판타지가 일어나면서 판타지에 빠지게 됩니다. 마음이 자꾸 몸의 느낌이나 다른 즐거운 느낌 쪽으로 흘러가 호흡에 머물지 못합니다. 자신의 명상 상태에 대해 악의가 생겨납니다. 이런 악의는 명상에 결정적인 장애입니다.

사실 완벽하게 만족하려면 명상할 때마다 깊은 삼매에 들어야 할 텐데, 그런 사람은 없습니다. 기준을 그렇게 높게 잡으면 너무 힘듭니다. 바로 아라한이 되려고 하면 항상 불만족스러울 수밖에 없습니다.

행복한 마음 상태가 되지 못하고 불행한 마음 상태가 되어버립니다. 행복해지려고 명상을 시작했는데, 새로운 불행을 불러온 것입니다. 이는 명상에 대한 바른 견해가 정립되지 않았기 때문입니다.

앞에서 이야기한 것처럼 호흡명상은 부처님이 깨달음을 얻은 대단한 명상법입니다.

세계 70억 인구 중에서 불교를 만나고 부처님이 가르친 명상을 하는 사람, 특히 부처님이 직접 깨달음을 얻은 명상법을 실천하는 사람은 거의 없습니다. 전생에 엄청난 공덕을 쌓아야 만날 수 있는 기회이기에, 단 한 호흡의 들숨과 날숨을 지켜보더라도 객관적으로 보면 어마어마한 일을 한 것입니다.

단지 설득하려고 하는 말이 아니라 호흡명상의 객관적인 가치를 말하는 것입니다. 하루에 단 한 번만 호흡을 지켜본다 하더라도 어마어마한 공덕을 짓는 일입니다. 한 호흡만 지켜보더라도 오늘 명상은 충분히 한 것입니다. 두 호흡을 지켜봤다면 목표 이상을 달성한 것입니다.

사람은 즐거움이 있으면 그 상태에 머물고 싶어합니다. 정말 좋아하는 친구와 함께 있으면 힘들지 않고, 시간 가는 줄 모르고 같이 있고 싶습니다. 명상을 할 때도 마찬가지로 이렇게 즐거우면 거기서 벗어나고 싶지 않은 법입니다. 그러면 호흡명상이 쉽게 발전합니다.

경전에서는 "마음이 행복해야 삼매에 든다"고 말합니다. 결국 호흡명상도 만족하는 마음으로 하면 명상에 아주 적절한 상태가 됩니다. 삼매에 들 준비가 되어 있으니 명상하는 것 자체가 즐거워지고 좋아집니다.

매일매일 명상을 할 때마다 목표를 달성하니 기분이 좋고 즐겁습니다. 명상의 가치를 음미하는 것이 가장 중요합니다. 하루에 몇 시간 명상을 하는 것보다, 의지력으로 명상을 밀어붙이는 것보다, 명상의 가치를 알고 '정말 명상을 충분히 했구나, 목표를 달성했구나' 하고 만족감을 계발하면서 명상을 하면 장기적으로 명상의 발전에 더 도움이 됩니다.

명상을 얼마나 오래 했는지가 중요한 것이 아닙니다. 지금은 힘들어도 나중에는 즐거워지겠지 하는 마음도 좋지 않습니다. 지금 잠깐잠깐의 행복이 쌓여 그 행복이 점점 커지고 깊어지는 것이 가장 좋습니다. 이것이 지금도 좋고 나중에도 좋은 명상법입니다. 명상의 가치를 잘 음미하고 그 가치를 잘 아는 것이 관건입니다.

마음을 어떻게 먹느냐에 따라 명상은 아주 힘든 노동이 될 수도 있고, 행복을 가져다주는 일과가 될 수도 있습니다. 그러므로 한 호흡을 지켜보더라도 자신이 할 일을 다 했고, 가치 있는 일을 했다고 생각하는 것이 좋습니다. 그런 마음으로 명상을 해보세요.

또다른 장애를 살펴보겠습니다. 명상을 하다보면 잘되어서 깊은 체험을 하는 경우가 있습니다. 그런 경험을 하면 '명상이 정말 좋구나. 열심히 해봐야지' 하는 생각이 듭니다. 그런데 그때부터 명상이 잘 안 되기 시작합니다. 명상을 하면 어떤 상태에 도달하는지, 어떤 가치가 있는지 잘 몰랐는데, 막상 명상을 해보니 정말 행복한 경험을 하게 되고 해볼 만하다는 생각이 들면서 의욕이 생깁니다. 일종의 욕심이 생겨 잘하고 싶은 생각이 일어나기 시작합니다. 그러면 그때부터 명상이 잘 안 됩니다. 세속에서는 어떤 일을 잘하려고 마음먹으면 잘되는데, 명상은 세속의 일과 완전히 반대입니다. 잘하겠다고 욕심을 내면 잘 안 됩니다.

잘하려고 욕심을 내는 것은 첫번째 장애인 감각적 욕망, 탐진치 중의 탐심입니다. 이것은 장애입니다. 장애를 일으키니 당연히 명상이 안 되는 것입니다. 장작을 패다 자기 발등을 찍는 것과 같습니다. 발등을 찍어놓고 왜 아픈지 생각하는 것과 같습니다. 그러나 욕심을 내지 말라는 얘기를 듣고, 그런 내용을 책에서 읽어도 생각대로 잘 안 됩니다.

명상을 할 때는 취미생활을 하듯 즐거움을 느끼면서 빠져드는 것이 좋습니다. 퍼즐을 풀면서 재미를 느끼는 것처럼, 그림에 빠져 이렇게 그려보기도 하도 저렇게 그려보기도 하는 것처럼, 춤을 출 때 춤의 재미에 빠져 뛰어난 기술을 배우려 하고 기량을 향상시키는 것처럼 말입니다.

그렇게 취미처럼 놀이처럼 명상하는 것이 좋습니다. 평소 마음을 가볍게 하고 흥미를 갖고 명상하는 것이 좋습니다.

명상은 욕심으로 되는 것이 아닙니다. 욕심으로 되는 것이라면, 명상하는 모든 사람들이 깊은 삼매에 들고 아라한이 되고 부처 같은 존재가 되었겠지요. 그렇게 원하는 마음이 오히려 장애가 되기 때문에 그저 흥미와 재미를 갖고 명상을 해보는 것이 좋습니다.

가벼운 마음으로 탐구하는 과정에서 명상의 여러 측면을 알게 되고, 명상 전문가가 되어가는 것입니다. 공자는 노력하는 사람을 재능 있는 사람이 따라갈 수 없고, 재능 있는 사람은 즐기는 사람을 따라갈 수 없다고 했습니다. 이는 명상에도 똑같이 적용됩니다. 이렇게 하면 욕심이 사라지고 명상으로 마음이 괴롭지 않습니다.

명상은 인간관계를 유지하는 것과 비슷합니다. 지금 명상을 하는 상태가 불편하고 싫으면 이것 말고 다른 상태가 없는지, 책에서나 스님이 말하는 즐겁고 편안한 상태가 없는지 자꾸 다른 것을 바라게 됩니다.

또 명상을 할 때는 강한 의지가 방해가 됩니다. 호흡이 약간 짧으면 조금 길어졌으면 하고, 길어지면 조금 더 짧았으면, 거칠면 부드러워졌으면, 몸이 짓눌리고 다리가 저리면 저리지 말라고 마음속에서 자꾸 명령을 내립니다. '이렇게 해! 저렇게 해!' 하고 자꾸 명령을 하는 것입니다. 그러면 온갖 생각이 다 듭니다. 마음속에서 끊임없이 생각으로 명령을 하니 마음이 평화롭지 못합니다.

만약 친구가 매일같이 여러분에게 옷은 이렇게 입으면 안 되고, 저런 옷을 입고, 신발은 이렇게 신고, 이런 색깔 옷을 입고, 체중도 좀 빼고, 먹는 것도 고기만 먹으라는 둥 하며 자꾸 간섭한다면, 365일 그치지 않고 그렇게 한다면 얼마나 힘들고 지치겠습니까. 마찬가지로 우리 마음도 이런저런 명령을 끊임없이 내리고 있어서 마음속 생각이 쉬지 못하는 것입니다.

명상을 할 때는 생각이 끊어져야 하는데 생각이 쉬지 못하니 오히려 명상이 더 안 됩니다. 마음속에 이런저런 생각이 들면 그럴 때마다 아홉 번은 그대로 두고 한 번 정도만 자신이 하고 싶은 대로 해보세요. 그러면 의지적으로 하려는 생각이 점점 줄어듭니다. 이것이 의지 작용이나 생각들을 쉬게 하는 방법입니다.

실제로 명상을 할 때 만족감이 생기면 생각이 끊깁니다. 마음이 움직이지 않습니다. 마음에 전혀 불만이 없기 때문에 여기 이 자리에 가만히 멈춥니다. 그러니 생각이 일어날 여지가 없는 것이지요.

호흡은 가만히 놔두면 됩니다.

거칠든 미세하든 길든 짧든

그냥 놔두고 호흡이 뛰어노는 것을 지켜보면 됩니다.

자연을 바라보듯 지켜보는 것입니다.

단풍이 들고 있구나, 낙엽이 떨어지고 있구나. 하늘에 구름 한 점이 없네……

하고 자연 대상을 바라보듯 그대로 놔두고 보기만 하면 됩니다.

그렇기 때문에 나 자신이 편안한 것입니다.

스스로 주체가 되어서 호흡을 조정하려 하면 일을 하는 것이지요.

호흡이 일이 되면 불편해집니다.

가만히 내버려두고 편안하게 지켜보기만 하는 것이 호흡명상의 본질입니다.

4강

자애명상

자애의 마음

일반적으로 사람들은 자애명상을 가볍게 생각합니다. 호흡명상은 잘 모르지만 뭔가 그럴듯하다고 생각합니다. 호흡명상을 하면 어떤 변화가 있을 것처럼 여기고 그 자체로 독특한 느낌을 갖는데 비해, 자애명상은 익숙하다고 여기면서 삶을 변화시키는 명상으로서 효과가 있을지 의문을 품곤 합니다.

'자애'라는 단어를 먼저 살펴볼까요. '자'는 자비로울 '자(慈)'이고 '애'는 사랑할 '애(愛)'입니다. 자비롭고 사랑하는 마음을 자애라고 합니다. 이것을 부처님 당시에 쓰던 빠알리어로는 '메따(metta)'라고 하고, 이 단어를 번역한 것이 자애입니다. 자애란 단어 그대로 누군가를 향한 자비로운 마음, 사랑하는 마음, 잘되기를 바라는 마음입니다. 어느 대상이 되었든 행복하기를 바라는 마음입니다. 그런데 일반적으로 사람들이 이야기하는 사랑의 감정과 자애는 조금 다릅니다.

부처님은 네 가지 거룩한 마음을 '사무량심(四無量心)'으로 표현하셨습니다. 자(慈, 자애), 비(悲, 연민), 희(喜, 다른 사람의 행복을 함께 기뻐하는 마음), 사(事, 평등한 마음), 빠알리어로는 메따(metta), 까루나(karunā), 무디따(mudita) 우뻬카(upekkha)라고 씁니다. 이 네 가지를 거룩한 마음이라고 합니다. 이를 네 가지 무량한 마음이라고도 하고, 네 가지 범주(梵住)라고도 합니다. 네 가지 범주의 '범(梵)'은 빠알리어로 '브라흐마(brahmā)'로 청정한 성스러움을 뜻하고, '주(住)'는 '위하라(vihara)'로 수행처입니다. 즉 청정하고 성스러운 마음이 머무는 자리입니다. 신과 같은 존재가 가지는 마음의 상태라고 하여 '범주'라고 합니다.

이러한 사무량심 중 첫번째가 자애입니다. 부처님은 네 가지 마음 중 자애를 열심히 닦다보면 실제로 범천과 같은 마음 상태가 되고, 이 사람이 죽고 나서도 범천계에 태어날 수 있다고 하셨습니다. 범천은 일종의 하느님과 같은 존재로 굉장히 높은 수준의 존재입니다.

자애가 어떤 것인지 이해를 돕기 위해 경전을 독송해보겠습니다. 『숫타니파타(Sutta-nipāta)』(가장 먼저 성립된 불경 중 하나로 초기 경전을 대표하는 경)라는 경전에 있는 「자애경」의 내용입니다. 천천히 내용을 되새겨보세요.

> 선한 법을 잘 실천하여 적정의 경지를 얻고자 하는 이는 유능하고, 정직하고, 고결하며, 온화하고, 부드럽고, 겸손해야 합니다.
>
> 만족할 줄 알고, 공양하기 쉽고, 분주하지 않고, 생활이 간소하며, 감관은 고요하고 지혜로우며 교만하거나 탐착하지 말아야 합니다.

현자들이 비난할 만한 그 어떤 일도 하지 않으며, 모든 중생들이 안락하고 평안하기를, 모든 중생들이 행복하기를 기원합니다.

살아 있는 생명은 그 어떤 것이든 움직이거나 움직이지 않거나, 길거나 크거나 중간이거나 짧거나 작거나 거대하거나, 보이거나 보이지 않거나, 가깝거나 멀거나, 이미 있거나 앞으로 태어날 이 모든 중생들이 행복하기를 기원합니다.

어디에서건 누구에게든 다른 이를 속이거나 업신여기거나 미움과 분노로 서로에게 고통을 주지 말아야 하나니, 마치 어머니가 하나뿐인 자식을 목숨을 다해 보호하듯이 모든 중생들에게 한량없는 자애를 보내야 합니다.

또한 온 세상에 대해 위로, 아래로, 그리고 사방으로 원한과 증오를 뛰어넘어 걸림 없이 무량한 자애를 가득 채워야 합니다.

서 있거나 걷거나 앉아 있거나 누워 있거나 깨어 있는 한 자애의 마음을 굳게 새기는 것, 이것이 진정 거룩한 삶입니다.

잘못된 견해에 빠지지 않고 계행과 바른 견해를 갖추어 감각적 욕망에 대한 집착을 버리면 다시는 윤회의 모태에 들지 않을 것입니다.

여기서 말하듯이 자애는, 어머니가 하나뿐인 자식을 사랑하는 마음과 같은 것입니다. 어머니는 특히 어린 자식에게 무조건적인 사랑을 줍니다. 아기가 잘났든 못났든 속을 썩이든 그러지 않든 아기가 행복하기만을 바라는, 무조건적인 모성애와 같은 마음을 자애라고 합니다. 자애명상을 통해 그러한 마음을 계발하는 것 자체가 매우 좋은 선업을 짓는 것입니다.

경전에서는 자애의 마음을 일으키는 것 자체가 굉장히 큰 보시이며, 또한 사람들에게 자애를 베푸는 것은 큰 선업을 짓는 것이라고 말합니다. 또 자애를 계발하면 범천, 즉 하느님과 같은 존재의 마음 상태가 된다고 했는데, 실제로 그런 마음 상태가 되면 마음이 매우 행복합니다. 실제로 마음속에서 자애가 샘솟는 사람은 정말 행복합니다. 마음속에 싫어하거나 미워하는 마음이 없기 때문에 행복한 것입니다. 인간으로 살면서 천상의 행복을 누릴 수 있는 상태가 자애의 마음 상태입니다. 그리고 자애로운 이는 죽고 나서도 행복한 세계에 태어납니다.

자애명상을 해야 하는 또 한 가지 이유는, 여러 가지 명상에 자애가 큰 도움이 되기 때문입니다. 자애명상은 마음을 매우 부드럽게 만들어줍니다. 갓 태어난 아기와 봄의 새순은 생명력이 넘치며 부드럽고 유연합니다. 반대로 죽어가는 생명체는 딱딱하고 굳어집니다. 사람도 마찬가지입니다. 어릴 때는 부드러운 피부와 생명력을 갖지만 나이들어 죽을 때가 되면 피부가 굳고 손도 딱딱해지며 온기가 사라집니다. 모든 생명체가 그렇습니다.

자애명상은 우리 마음을 부드럽고 행복하게 만들고 마음에 생명력을 불어넣습니다. 마음에 생기를 불어넣어줍니다. 마음의 시간을 거꾸로 되돌려 젊게 만듭니다. 신체는 되돌릴 수 없지만 마음은 되돌릴 수 있습니다.

자애명상 자체로 깊은 삼매에 들 수도 있습니다. 자애명상은 마음에 행복감을 일으키고, 그 행복감을 통해 평화의 상태, 기쁨의 상태, 몰입의 상태로 이끌 수 있습니다. 이렇게 자애명상은 좋은 결과만을 일으킵니다. 나쁜 점은 하나도 없습니다. 세상의 모든 것들에는 장점과 단점이 있지만, 자애명상은 장점만 있는 가장 훌륭한 명상법입니다.

나를 용서하기

자애명상은 어머니의 사랑처럼 아무 조건 없는 사랑입니다. 자애명상은 대상이 필요합니다. 자애의 대상은 모든 사람, 모든 사물이 될 수 있습니다. 자신의 가족, 친구, 반려동물 등 모든 것이 될 수 있습니다.

그중에서 제일 먼저 계발해야 하는 자애의 대상은 자기 자신입니다. 먼저 자신에 대한 자애를 계발해야 합니다. 이것이 되지 않으면 다른 대상에 대한 자애를 계발하기 힘들고, 계발한다 해도 기초가 튼튼하지 않을 수 있습니다. 그래서 제일 먼저 자기 자신을 대상으로 자애를 계발해야 합니다.

절에 와서 명상을 배우려는 사람들은 대개 훌륭한 인격을 갖춘 분들이 많습니다. 그래서 남을 미워하거나 남에게 쓸데없이 악의적인 마음을 품은 이는 별로 없습니다. 상식을 갖고 나름대로 잘 살아가는 분들이 많습니다. 그렇지만 자신에 대해서는 자애심을 갖지 못하는 경우가 많습니다.

제 경우를 이야기해볼까요. '혜안 스님! 나는 혜안 스님이 과거에 무슨 일을 했든, 현재 어떤 사람이든, 미래에 어떤 상황에 처하든 당신이 무조건 행복하기를 바라고 모든 잘못을 용서할 것이며 항상 행복하기를 빕니다.' 어떻게 보면 이렇게 스스로 자신의 행복을 비는 것이 낯간지럽게 여겨질 수 있습니다.

사실 현대인들은 학교에서 교육을 받으며 결점을 찾는 데 익숙해져 있습니다. 학교에서 시험을 보면서 오답을 찾아내는 데 익숙해져 있고 그것을 반복해 연습합니다. 자신의 결점을 고쳐 완벽해지도록 학교와 사회에서 훈련되었습니다. 그러다보니 자기 자신의 결점을 찾는 데 길들여져 있습니다.

학생들은 시험 성적이 좋지 않으면 더 노력하지 못한 자신을 자책합니다. 어머니는 살림을 잘하는 다른 주부들과 비교하며 늘 시간이 부족하면서도 무엇 하나 잘하지 못하는 자신의 부족함을 원망합니다. 아버지는 친구들과 자신을 비교하며 돈을 잘 벌지 못하는 자신을 탓합니다. 다른 뛰어난 대상과 끊임없이 비교하면서 자신의 결점을 발견해나가는 것입니다. 저도 마찬가지였습니다. 저도 과거에는 자신에 대해 단죄를 하는 경우가 많았습니다. 사람들은 스스로 마음속의 법정을 만들어 재판을 하고 응당한 처벌을 내리는 경우가 많습니다.

누군가 친구에게 좋지 않은 이야기를 했으면 스스로에게 얼마나 벌을 줄까요. 징역 3개월로 형을 정해서 스스로 자책감으로 고통을 받습니다. 아이에게 상처를 주었다면 형량이 좀 셉니다. 스스로 재판관이 되어 잘못의 정도에 따라 벌을 내리고, 오랫동안 마음속에 죄책감을 품고 있기도 합니다. 때로는 스스로 종신형을 선고하여 죽을 때까지 마음속에 죄책감과 응어리를 품고 살기도 합니다. 이렇게 우리는 자신을 단죄하고, 징역을 부여하고, 스스로를 비판하는 데 매우 익숙합니다.

남들은 잘 용서하면서 자신은 용서하지 못하는 경우가 많습니다. 특히 열심히 살려고 노력하고 완벽하게 살려는 사람일수록 자신에게 비판적인 경우가 많습니다. 그러면 상처가 계속 쌓입니다.

사실 우리 마음은 굉장히 연약합니다. 마음은 대여섯 살 아이처럼 여리고 부드러운 연약한 존재라고 할 수 있습니다. 예를 들어 아이에게 대학교에서 배우는 미적분을 풀라고 한 뒤 풀지 못한다고 꾸짖으면 어떻게 될까요. 아이가 실제로 할 수 없는 것을 요구하고 그렇게 못하면 아이를 꾸짖고, 심지어 때리면 아이에게는 점점 좋지 않은 감정이 쌓입니다. 결국 그 아이는 마음속에 큰 상처를 품고 비행청소년이 되거나 그 상처 때문에 자신의 삶을 제대로 꾸려나가지 못할 수도 있습니다.

우리 마음도 마찬가지입니다. 자신의 마음을 계속 단죄하고 채찍질하며 스스로를 용서하지 못하면 마음이 답답하고, 행복하지 못하고, 긴장되고, 심하면 우울증이 생기기도 합니다. 삶에서 기쁨을 느끼지 못합니다. 마음에 상처를 주고 채찍질하는 마음을 계발했기 때문에 그런 것입니다. 실수하는 것을 싫어하는 것, 이런 마음도 악의입니다. 현대인들은 이런 마음을 많이 가지고 있습니다.

이렇게 자신을 단죄하고 마음속에서 징역형을 내리는 것이 도움이 되면 좋겠지만, 사실은 마음을 불행하게 만들고 상처를 줄 뿐입니다. 이런 마음 상태를 바꾸는 것이 자애의 마음입니다. 자신이 어떤 실수를 했든, 어떤 잘못을 했든, 얼마나 부족한 사람이든, 미래에 저지를 잘못까지도 무조건적으로 용서하는 것입니다. 나 자신이 아무 조건 없이 언제나 행복하기를 바라는 것이 자애의 마음입니다. 더 나아가 자신이 언제나 행복하기를 빌어주는 마음입니다.

자애는 앞에서 말한 것처럼 아무런 결점이 없는 감정의 상태입니다. 자애는 우리에게 항상 이익을 줍니다. 자신과 주위 존재들에게도 그 마음이 전해져 행복과 이익을 줍니다. 자애는 정말 좋은 것입니다.

그 반대로 자신을 싫어하고 단죄하고 채찍질하는 마음이 악의의 마음입니다. 이것은 독과 같아서, 처음에는 잘 모르지만 독성이 점점 마음에 퍼져 그 사람의 마음을 해칩니다. 결국 죽음에 이르게 되고, 전혀 도움이 되지 않습니다.

중국의 도가에서는 불로장생을 하려고 환단을 많이 만들었는데, 환단을 만드는 데 수은을 많이 썼다고 합니다. 수은은 금속이지만 액체인 독특한 물질로 귀하게 여겨졌지요. 그래서 환단을 만들 때 수은을 넣었는데, 그것 때문에 수은 중독으로 죽은 사람이 많았습니다.

현대사회에서는 자신을 단죄하고 채찍질하고 완벽하기를 바라는 마음을 조장합니다. 이는 수은이라는 독극물을 불로장생의 약이라고 여기며 먹는 것과 같습니다.

자신의 결점을 찾고 단죄하는 것은 악의의 마음이고 부정적 원인을 만드는 것이므로, 인과적으로 보면 그것이 원인이 되어 좋지 않은 결과를 얻게 됩니다. 결국 우울, 불안 등 심신의 문제를 일으킵니다. 그러므로 이런 악의는 계발할 이유가 없습니다. 자기 자신과 남에게 이익이 되지 않고, 더 나아가 우주의 모든 존재에게 해가 되는 마음은 계발할 필요가 없습니다.

악의의 마음에 대한 실제 사례가 있습니다. 제가 아는 한 스님은 절에서 점심을 먹고 산으로 산책을 가곤 했습니다. 여름철에 산책을 가면 조그만 날파리가 많습니다. 날파리가 눈물 냄새를 맡고 눈으로 자꾸 들어가서 산책하기에 매우 불편했습니다. 그래서 이 스님이 아이디어 하나를 생각해냈습니다. 그는 마음속으로 날파리에 대한 강한 악의의 마음('날파리야, 모두 죽어버려. 너는 나쁜 벌레이니')을 일으키면서 산책을 했습니다. 그러자 그날은 날파리가 전혀 귀찮게 하지 않았습니다. 그런 미물조차도 부정적인 감정을 싫어하는 것입니다.

그런데 그와 반대되는 마음을 가지면 완전히 달라집니다. 저는 한때 드립커피를 매우 좋아했습니다. 혼자서 산중에 살 때였습니다. 깊은 산중에서 지내며 혼자서 나무를 하고 밥을 해 먹고 명상하면서 오래 지냈는데, 아는 스님이 커피 도구를 선물해서 매일 한 잔씩 커피를 마시게 되었습니다. 일과 중 유일한 낙이 아침 공양 후 커피 마시는 시간이었습니다. 이렇게 1년 반을 지내다보니 커피의 매력에 완전히 빠지게 되었습니다.

그뒤 토굴 생활을 마무리하고 봉암사라는 큰 절에 가서 명상을 하게 되었습니다. 그런 큰 절에는 차와 커피를 마시는 다실이 잘 마련되어 있습니다. 그곳에서 다른 스님들과 함께 커피를 마시곤 했습니다. 좋은 원두로 갓 볶은 커피는 당연히 맛있습니다. 그런데 냉동실에서 한 달 반 이상 방치되었던 커피도 제가 내리면 신기하게 맛있었습니다. 다른 스님들이 "이런 맛있는 커피는 어디서 들어왔어요?"라고 물어보기도 했습니다. 저도 오래된 커피가 어떻게 이렇게 맛있는지 신기했습니다. 지나서 생각해보니 제가 커피에 대해 따뜻한 마음을 갖고 있어서 그랬던 것이었습니다. 마음은 커피의 맛까지 변화시킵니다. 시간이 지나 커피에 대한 사랑이 식자 제가 내린 커피가 맛이 없어졌습니다. 우리는 이런 비슷한 경험들을 합니다.

양자물리학에서도 우리 마음이 감정이 있는 생명체뿐만 아니라 무생물에게도 전해져 어떤 변화를 일으킬 수 있다고 합니다. 요즘에는 이런 연구가 많이 이루어지고 있습니다. 우리는 실제 삶 속에서 자애의 힘을 체험할 수 있습니다.

그러므로 여러분도 마음속으로 자신의 행복을 빌어야 합니다. 그런데 처음에는 이것이 잘 안 됩니다. 습관적으로 자신을 단죄하고 완벽하기를 요구하고, 잘못을 스스로 처벌하려는 사고 회로가 마음의 바탕에 깔려 있습니다. 그런데 사실 그것은 자신에게도 주위 사람들에게도 도움이 되지 않는 어리석은 습관입니다. 부처님은 이처럼 습관적으로 악의를 쌓는 마음 상태가 얼마나 해가 되는지를 지적하고, 자신의 행복을 빌어주고 좋은 선의를 계발하는 자애가 얼마나 좋은지, 왜 계발해야 하는지 누누이 말씀하셨습니다.

스스로가 설득되고 납득이 되어야 합니다. 왜 자신을 항상 용서하고 자신이 항상 행복하기를 빌어야 하는지 스스로 설득하지 않으면 자꾸 잊어버립니다. 한번 마음을 바꿔 자신을 용서하고 행복하기를 빌어주는 마음을 계발해보면, 마음에 맺혀 있던 것이 순식간에 풀리고 마음이 깨끗해지고 부드러워집니다. 이런 것이 반복되면 그냥 행복합니다. 그래서 부처님이 말씀하시길, 지상에서 인간으로 살면서 천상의 행복을 얻는 일은 돈, 권력, 지식이 아닌 자애의 마음으로만 가능하다고 하셨습니다. 마음속에 자애의 마음을 깊이 계발하면 지상에서도 천상의 행복을 누리는 사람이 될 수 있습니다.

부처님 당시에 앙굴리말라라는 아주 똑똑한 청년이 있었습니다. 그는 바라문으로, 명석하고 잘생기고 집안도 좋았습니다. 그는 스승을 모시고 있었는데, 그 스승의 부인이 앙굴리말라에게 반해서 추파를 던지며 그를 유혹했습니다.

그러나 앙굴리말라는 그 유혹을 뿌리쳤습니다. 그러자 그 부인이 앙심을 품고 남편에게 앙굴리말라가 자신을 욕보이려 했다면서 모함을 했습니다. 부인의 말을 들은 남편은 화가 나서 앙굴리말라를 파멸시키겠다고 결심하고, 제자를 악의 구렁텅이에 빠뜨리려는 계획을 세웁니다.

스승은 앙굴리말라에게 "1000명을 죽여서 그들의 귀를 자르면 완전한 깨달음에 이를 수 있을 것이다"라고 이야기합니다. 제자는 귀가 솔깃했습니다. 스승을 굳게 믿었기 때문입니다. 앙굴리말라는 그 말이 이상했지만 스승을 믿었기에 사람들을 살해하기 시작했고, 나중에는 살인마가 되어 수백 명을 살해하기에 이르렀습니다. 그는 워낙 머리가 좋았고 신체적 능력도 뛰어났습니다. 연쇄 살인 사건이 일어나자 온 나라에 난리가 났습니다. 나라에서는 살인마를 잡으려고 온갖 노력을 했지만 그를 잡을 수 없었습니다.

앙굴리말라는 마침내 999명을 살해했고 살해한 사람의 귀를 잘라 목걸이를 만들어 걸고 다녔습니다. 1명만 더 죽이면 목표를 달성할 수 있었습니다. 그러다 1000번째 만난 사람이 부처님이었습니다. 사실 그를 교화하기 위해 부처님이 찾아간 것이었습니다.

앙굴리말라는 부처님을 만나 설법을 듣고 감화되었습니다. 그래서 자신의 죄를 회개하고 참회했고 부처님의 제자가 되었습니다. 그후 앙굴리말라 존자는 명상을 통해 모든 번뇌를 소멸하고, 완전한 깨달음을 이룬 존재인 아라한이 되었습니다.

만약 앙굴리말라의 마음속에 자신이 행했던 악행에 대한 죄책감, 적의가 남아 있었다면 깨달음에 이를 수 없었을 것입니다. 깨달음에 이르려면 자신의 악행에 대한 용서와 마음의 정화가 반드시 선행되어야 합니다. 이러한 용서 없이 명상을 통해 깨달음에 이를 수는 없습니다. 앙굴리말라 같은 살인자도 부처님의 법을 듣고 자신을 용서하고 자신의 모든 죄책감을 녹여내고 명상을 하여 깨달음에 이를 수 있었습니다.

여러분도 어떤 일은 용서할 수 없다는 죄책감이 들 때마다 앙굴리말라를 생각해보십시오. 살인을 한 것도 아니고 도둑질을 한 것도 아니니 이 정도 일은 용서할 수 있다고 생각해보십시오. 한

때 살인마였던 앙굴리말라도 자신을 용서하고 따뜻하게 받아들여 깨달음에 이르렀으니 말입니다.

어떤 잘못도 관계없습니다. 아무리 무거운 잘못도 실수도, 무엇이든 용서할 수 있습니다. 이것이 자애입니다. 자애는 무조건적인 사랑이고 무조건적인 용서입니다. 결점들을 용서하고 어떤 조건 없이 자신이 행복하기를 바라는 것이 자신에 대한 자애입니다.

자애를 계발하는 순서

어머니는 우리를 항상 따뜻하게 대해주지만 언제까지나 우리와 함께할 수는 없습니다. 나이가 들면 어머니는 언젠가 돌아가시고 더이상 함께할 수 없게 됩니다.

언제든 자신이 행복하기를 빌어주는, 자신의 결점을 들추지도 자신을 판단하지도 않는 자애라는 어머니를 마음속에 두십시오. 이것이 자애의 마음을 기르는 것입니다. 이렇게 자신의 행복을 빌어주는 것이 가장 먼저 이루어져야 합니다.

자신의 행복을 빌어줄 수 있어야 그 마음이 확장될 수 있습니다. 자신의 행복을 비는 마음이 있으면 마음이 아주 좋은 방향으로 변할 수 있습니다. 자신에게 자애의 마음을 일으키면 심리적인 문제는 대부분 해결됩니다. 마치 만능 백신처럼 자애라는 주사를 놓으면 거의 모든 마음의 문제가 치유됩니다. 자신에게 항상 자애를 보내주세요.

저도 가끔 아침에 일어나면 "혜안 스님! 항상 행복하세요" 하고 이야기합니다. 이런 습관도 좋습니다. 아침에 일어나 스스로 자신의 이름을 부르면서 스스로에게 행복을 빌어주세요. 그러면 마음이 뭉클할 것입니다. 사람들은 자신의 편이 되어줄, 자신을 받아들여줄 사람을 원하는데 밖에서 그런 사람을 찾기란 참 어렵습니다. 그러므로 자신이 그런 사람이 되어주는 것입니다.

자신의 자애심을 시험하는 방법이 있습니다. 마음속으로 자신이 아주 밝게 웃는 모습을 떠올릴 수 있는 사람은 어느 정도 자애가 계발되었다고 할 수 있습니다. 반대로 자신의 웃는 모습을 떠올릴 수 없는 사람은 자애가 부족한 사람입니다. 그런 사람은 자애를 더 열심히 계발해야 합니다.

자애를 계발하는 순서는 다음과 같습니다. 먼저 자신에게 행복을 빌어줍니다. 그다음에 심리적, 정서적으로 아주 가까운 사람들(가족과 친한 친구)에게 자애의 마음을 보냅니다. 그다음 그보다 조금 먼 사람, 덜 친한 친구, 아는 사람의 행복을 빌어줍니다. 그다음에는 아주 먼 사람들, 마을 사람들이나 지나가며 스치는 사람들의 행복을 빌어줍니다. 이렇게 가까운 사람들부터 먼 사람들 순서로 행복을 빌어주고, 마지막에는 자신과 감정적으로 좋지 않은 사람들, 즉 원수나 앙숙, 자신을 괴롭히는 사람들의 행복을 빌어줍니다. 자신, 가까운 사람, 중립적인 사람, 싫어하는 사람 순서입니다.

이는 불을 피우는 순서와 비슷합니다. 저는 절에서 나무 보일러를 사용해 매일 저녁 불을 피웁니다. 불 피울 때도 순서가 있습니다. 먼저 종이에 불을 붙이고, 나뭇잎, 솔잎, 잔가지, 좀더 굵은 가지, 더 큰 나무 순서로 넣고 불이 강해지면 맨 마지막에 커다란 참나무 장작을 넣습니다. 처음부터 종이 불쏘시개 위에 참나무 장작을 넣으면 불이 붙지 않습니다. 마찬가지로 자애의 마음을 계발하는 데도 순서가 있는 것입니다. 이런 과정이 필요합니다.

불이 활활 타오르면 큰 통나무도 넣을 수 있는 것처럼 자애가 강하게 불타오르면 원수의 행복마저 빌어줄 수 있고 그의 잘못을 용서할 수 있습니다. 이런 마음은 평소에는 불가능하지만 자애의 마음에 불이 붙었을 때는 가능합니다.

그다음에는 범위를 넓혀 우리 동네의 모든 사람들, 우리나라의 모든 사람들이 행복하기를, 모든 생명체, 모든 존재들이 고통에서 벗어나 행복하기를, 우주에 있는 크거나 작거나 미세한 모든 존재들이 행복하기를 바라는 것입니다. 이렇게 자애의 폭을 넓힙니다. 그러나 시작은 항상 자기 자신에게 자애를 보내는 것입니다.

자신에 대한 자애가 충분히 계발되고 연습이 되면 마음이 정말로 따뜻해집니다. 자신의 마음에 자애가 계발되고 나면 주위에 자애를 보내는 것이 쉬워집니다. 그러면 주위에 저절로 좋은 영향을 주게 됩니다.

자신에 대한 자애를 계발하는 것이 핵심입니다. 자신이 행복하면 자애가 샘솟아, 방향만 살짝 틀면 다른 대상으로 자애를 전할 수 있고, 그렇게 하면 자애심이 더욱 강력해질 수 있습니다.

자애명상을 유도하는 법문

먼저 편안하게 자리를 잡으십시오.

호흡명상을 할 때처럼 자세를 취하십시오. 눈을 감으십시오.

그리고 온몸에서 힘을 쭉 빼고 긴장을 편안하게 내려놓으십시오.

지금 이 순간만은 그 무엇에 대해서도 걱정할 필요가 없습니다. 밖에서 있었던 이런저런 근심이나 고민들을 저 멀리 던져버리십시오.

과거에 일어났던 일에 대해서도 후회하거나 고민할 필요가 없습니다. 과거에 대한 고민, 걱정, 생각들을 지금 이 순간만은 잠시 내려놓으십시오. 과거는 이미 지나간 시간이고 돌이킬 수 없는 시간입니다. 그러니 과거의 무거운 짐은 멀리 던져버리십시오.

아직 일어나지 않은 미래에 대한 걱정, 계획, 생각들도 지금 이 시간에는 잠시 마음의 어깨에서 내려놓으십시오. 미래는 아직 오지 않은 것이고 불확실한 것입니다. 그러니 미래의 무거운 짐들은 멀리 던져버리십시오. 그러면 마음이 훨씬 가볍고 편안해질 것입니다.

이제 주의력을 자신의 다리 부위로 가져가보십시오. 하루종일 몸을 지탱하느라 다리에 힘이 들어가고 근육이 긴장되어 있을 수 있으니 편안하게 다리에 힘을 쭉 빼고 다리 근육을 부드럽게 이완시켜보십시오. 다리 근육이 편안하게 이완되면 여러분의 마음도 편안하고 부드럽게 이완될 것입니다.

이제 주의력을 자신의 허리 부위로 가져가보십시오. 상체를 힘껏 지탱하느라 허리 부위도 긴장되고 허리 근육에 힘이 들어가 있기 쉽습니다. 허리 근육을 아주 부드럽게 이완시켜보십시오. 허리에서 편안하게 긴장을 내려놓으십시오. 허리 근육에서 긴장이 스르르 녹아내리면 마음의 긴장도 스르르 녹아내리고 마음이 점점 더 평화롭고 고요해질 것입니다.

이제 주의력을 자신의 어깨 부위로 한번 가져가보십시오. 일상생활 중에 긴장을 하면 어깨가 뻣뻣하게 굳기 쉽습니다. 굳은 어깨에서 긴장을 쭉 빼보십시오. 어깨에서 부드럽게 힘이 쭉 빠지고 근육의 긴장이 편안하게 이완되면 마음이 좀더 편안하고 평화롭고 고요해질 것입니다.

이제 주의력을 자신의 얼굴 부위로 가져가보십시오. 평소 일상의 스트레스나 무게 때문에 얼굴 근육이 굳고 긴장되어 있기 쉽습니다. 마음속으로 미소를 지으며 얼굴 근육을 편안하게 이완시켜보십시오.

얼굴 근육에서 편안하게 힘을 쭉 빼보십시오. 그러면 얼굴의 긴장은 부드럽게 녹아내리고 동시에 여러분의 마음도 훨씬 더 평화롭고 고요해질 것입니다.

아무것도 할 필요가 없습니다. 아무것도 걱정할 필요가 없습니다. 그저 편안하게 이 순간의 고요와 평화와 함께 머무십시오.

이제 주의력을 자신의 호흡으로 가져가보십시오. 들숨이 일어나면 그저 들숨인 줄 알고 날숨이 일어나면 그저 날숨인 줄 알면 됩니다. 호흡을 통제하거나 조정하려 하진 마십시오. 자연스런 호흡을 편안하게 가만히 내버려두십시오.

자연스럽게 일어나는 호흡의 변화와 들숨과 날숨을 가만히 멈춰 지켜보십시오. 호흡이 들어가면 가만히 멈춰 들어가는 줄 알고, 호흡이 나가면 가만히 멈춰 호흡이 나가는 느낌을 알면 됩니다. 편안하게 들숨과 날숨과 함께 머무십시오.

이제 여러분의 마음에서 조건 없는 사랑의 감정인 자애를 일으켜보도록 하겠습니다.

자애는 아무런 조건 없이 스스로를 있는 그대로 받아들이고, 아무런 조건 없이 스스로를 포용하고 용서하는 감정입니다. 그리고 어떤 상황에서도 아무 조건 없이 자신의 행복과 안녕을 바라는 순수한 감정입니다.

마음속에 자신의 얼굴을 떠올려보십시오. 행복하게 미소 짓고 있는 자신의 얼굴을 마음속에 떠올려보십시오.

자신의 이름을 부르며 마음속으로 이렇게 말해보십시오.

"그동안 참 고생이 많았지? ○○야! 그동안 내가 나 자신을 잘 돌보지 못했구나. 이제부터 내가 아주 따뜻한 마음으로 너를 따뜻하게 감싸고 돌봐줄게. 어떤 상황에서도 내가 너를 돌보고, 너에게 힘이 되고 너의 편이 되어줄게. ○○야, 네가 과거에 어떤 일을 했든, 실수를 했든, 잘못을 했든, 나는 너를 아무 조건 없이 용서하고 있는 그대로 받아들일게. ○○야, 네가 미래에 어떤 잘못을 하든, 어떤 위험에 처하든, 어떤 상황에서든 나는 너를 있는 그대로 받아들이고 용서하고 포용할게. 그리고 현재 네가 어떤 사람이든, 얼마나 부족하든, 어떤 잘못된 일을 하든, 나는 너를 무조건적으로 용서하고 있는 그대로 받아들일게."

자신의 이름을 부르며 이렇게 말해보십시오.

"나는 아무런 조건 없이 무조건 네가 항상 평화롭고 행복하기를 바란다. 항상 행복하기를. 항상 평화롭기를. 모든 고통에서 벗어나 완전한 행복을 누리기를. 행복하기를."

스스로의 행복을 바라는 말들을 마음속 자신의 얼굴을 보고 말해주십시오.

스스로의 행복을 바라는 자애의 말을 통해 마음속에 어떤 변화가 일어나는지 한번 살펴보십시오. 그리고 여러분의 가슴에서 따뜻한 온기가 생겨나는지 느껴보십시오. 자기 자신의 행복을 아무런 조건 없이 바라는 자애의 감정은 아주 순수하고 편안하고 행복한 느낌입니다.

이제 여러분에게 아주 가까운 존재, 여러분이 아주 사랑하고 친밀한 관계에 있는 사람을 한 명 떠올려보십시오. 여러분의 배우자일 수도 있고, 자녀, 부모님, 친한 친구일 수도 있습니다. 그중 스스로에게 아주 친밀한 존재를 마음속에 떠올려보십시오. 그리고 그 사람이 아주 행복하게 웃는 모습을 마음속에 떠올려보십시오. 그 친밀한 사람을 마음속으로 지켜보며 이렇게 말해보십시오.

"○○야! 나는 네가 항상 건강하고, 평화롭고, 행복하길 바란다. 네가 어떤 상황에 처하더라도, 네가 어떤 나쁜 일을 하더라도, 어떤 곤란한 상황에 처하더라도 나는 아무런 조건 없이 네가 항상 평화롭고 행복하고 건강하고 모든 일이 잘되기를 바란다. 내 마음의 문은 항상 너에게 열려 있을 거야. 모든 고통에서 벗어나 행복하기를 바란다. 모든 분노에서 벗어나 행복하기를 바란다. 아무런 조건 없이 언제나 평화롭고 행복하기를, 평화롭고 행복하기를, 평화롭고 행복하기를."

이렇게 그 사람의 행복을 기원하는 말들을 그 사람의 모습을 마음속으로 보며 반복해보십시오. 그리고 가슴으로 따뜻한 자애의 감정을 그 사람에게 계속 보내보십시오. 자애의 따뜻한 빛이 그 사람 주위에 밝게 비칠 때까지 그 사람의 행복을 기원해주십시오.

이제 다른 친밀한 사람을 마음속에 떠올려보십시오. 그 사람이 아주 행복하게 활짝 웃는 모습을 떠올려보십시오. 그리고 아까 했던 것과 꼭 같이 그 사람의 행복을 마음속으로 기원해보십시오.

이제 좀더 중립적인 사람들을 대상으로 자애를 보내보도록 하겠습니다. 여러분과 함께 일하는 동료들을 대상으로 자애를 보내보겠습니다. 여러분의 가슴에서 따뜻한 자애의 빛이 사방으로 방사되어 나오는 것을 떠올려보십시오. 따뜻한 자애의 빛이 지금 여러분의 동료들을 밝게 감싸고 있다고 한번 생각해보십시오. 그리고 이렇게 마음속으로 말해보십시오.

"나의 모든 동료들이 행복하기를, 고통에서 벗어나기를, 아무런 조건 없이 나의 동료들이 항상 평화롭고 건강하기를, 모든 일이 잘되기를 기원합니다.

나의 동료들이 악의에서 벗어나 행복하기를, 성냄에서 벗어나 행복하기를, 욕망에서 벗어나 아무런 조건 없이 항상 평화롭고 행복하기를 기원합니다. 모든 고통에서 벗어나 행복하길, 행복하기를, 행복하기를."

여러분의 가슴에서 나온 따뜻한 자애의 빛이 그들을 밝게 가득 감싼다고 상상해보십시오. 여러분의 가슴에서 따뜻한 자애가 끊임없이 샘솟는다고 생각해보십시오. 마음속으로 모든 동료들이 행복하기를 바라는 말들을 마음속으로 계속 되뇌어 보십시오.

이제 자애를 보내는 범위를 좀더 넓혀보도록 하겠습니다. 여러분의 가슴에서 방사되는 자애의 빛이 사방으로 퍼져 이 지역, 이 나라와 이 지구를 넘어 온 우주 전체를 감싸 자애의 빛이 세상을 가득 메운다고 생각해보십시오. 따뜻한 자애의 빛이 이 우주 모든 존재들에게 전해진다고 생각해보십시오. 그리고 마음속으로 이렇게 말해보십시오.

“이 세상 모든 존재들이 고통에서 벗어나 행복하고 평화롭기를. 이 세상의 모든 존재들이 적의에서 벗어나 항상 행복하기를, 이 우주의 모든 존재들이 성냄에서 벗어나 행복하기를. 이 우주의 모든 존재들이 크든 작든 뛰어나든 열등하든 위험에서 벗어나 항상 건강하길. 아무런 조건 없이 따뜻한 자애의 마음으로 이 세상 모든 존재들이 평화롭고 행복하기를, 행복하기를.”

여러분의 따뜻한 자애의 마음이 이 세상 전체를 가득 채운다고 생각해보십시오. 그리고 마음속으로 모든 존재의 행복을 바라는 말을 되뇌어보십시오.

그리고 이제 눈을 떠보십시오.

자애심 기르기

자애의 마음은 부처님이 가르친 명상법으로, 명상법 가운데 매우 중요한 위치를 차지하고 있습니다. 부처님도 자애를 많이 닦으셨습니다.

특히 현대와 같이 정신적 문제가 많은 시대에는 자애명상이 더욱 필요합니다. 요즘 사람들은 보통 마음속에 고통과 장애가 있는 경우가 많은데, 거의 모든 정신적 문제들은 스스로에 대한 자애가 부족해서 일어나는 것입니다.

하지만 마음속에서 자애를 일으키기가 쉽지 않습니다. 마음속에서 자애심이 잘 올라오지 않습니다. 자애명상을 확실히 이해하고 스스로 설득이 되어야 하는데, 보통 기계적으로 나, 가까운 사람, 중립적인 사람, 싫은 사람, 좀더 넓은 범위, 우주 전체를 대상으로 하여 형식적으로 자애명상을 하다보니 효과가 없고 재미도 없어 잘 안 하게 됩니다. 스스로에게 왜 자애를 보내야 하는지 납득이 잘 안 되기 때문입니다. 그러므로 스스로를 납득시키는 것이 가장 중요합니다.

항상 거기에 초점을 맞춰야 합니다. 나 자신이 고통에서 벗어나기를, 자신이 무슨 일을 했든 자신을 용서하고 있는 그대로 받아들이는 마음을 계발하는 것이 가장 중요합니다. 그러면 다른 대상들에게도 쉽게 자애를 보낼 수 있습니다.

앞에서 호흡명상에 대해 이야기했는데, 호흡명상을 할 때 호흡으로도 자애를 보낼 수 있습니다. 호흡명상이 잘 안 되는 이유는 평소에는 잘하던 호흡도 명상을 한다고 마음먹으면 긴장하기 때문입니다. 호흡을 의인화하여 가까운 친구로 보고 "내 생명을 유지해주어서 고마워. 네가 고통에서 벗어나 행복하기를 바랄게"라고 호흡에게 말하면 긴장감이 사라지고 호흡이 편안해집니다. 호흡은 초보자들에게는 다가가기 힘들고 긴장감이 느껴지는 대상입니다. 자신의 자녀들에게 "항상 고통에서 벗어나 행복하기를 바랄게"라고 말하는 것처럼 호흡에게 그런 마음을 보내면 호흡이 부드럽게 다가옵니다.

때로는 호흡에게 미소를 지어주십시오. 모르는 사람이라도 자신에게 미소를 보내면 기분이 좋아지는 것처럼, 호흡이라는 대상을 대할 때도 마찬가지입니다. 마음속으로 호흡에 미소를 보내주면 호흡도 기분이 좋아져서 즐겁게 웃어줍니다. 세상의 이치는 서로 통하는 법이어서 인간관계와 유사합니다.

일할 때도 마찬가지입니다. 먹고살기 위해 억지로 일하는 것보다 일이라는 대상에 자애를 보내면 훨씬 쉬워집니다. 공부를 할 때도 수학이 싫으면 수학에 따뜻한 마음을 보내줍니다. 일을 하기 싫을 때마다 그 일을 의인화해서 행복하기를 바라며 따뜻한 마음을 보냅니다. '고맙다. 네가 어떤 잘못을 하든 행복하기를 바랄게. 고맙다. 모든 것을 용서해줄게' 하는 마음을 가져보세요. 그러면 일도 훨씬 편하게 다가옵니다. 모든 것에 응용이 가능합니다.

아내가 저녁 식사를 준비했는데 음식이 맛이 없다면 맛있게 만드는 방법이 있습니다. 음식에게 자애를 보내는 것입니다. '내 몸을 유지시켜주고 내가 살아갈 수 있게 에너지를 주어 고맙다. 네가 나를 건강하게 해주는구나. 네가 맛이 없더라도 받아들이고 먹어줄게.' 그러면 음식 맛도 한결 좋아집니다.

실제로 실험을 해볼 수 있습니다. 선원에 있을 때 호기심 많은 스님이 이런 실험을 했습니다. 그 스님이 저에게 컵에 물을 따라주며 마셔보라고 했습니다. 처음 준 그 물은 목에 약간 걸리는 느낌이 들었습니다. 대체로 스님들은 차를 많이 마셔서 목이 예민한 편입니다. 그런 다음에 다시 물을 한 잔 주었는데 그 물은 목에 걸리지 않고 부드럽게 넘어갔습니다. 저는 무엇이 달랐는지 눈치를 챘지요. 목에 걸리지 않은 물은 따뜻한 자비를 담아 보낸 것입니다. 첫 잔은 저주를 퍼부은 물이었습니다. 그러면 물도 목에 딱 걸립니다. 예민한 감각을 가진 사람이라면 이렇게 느낄 수 있습니다. 바로 알아차릴 수 있습니다.

이런 사례에서 알 수 있는 것처럼 어떤 마음으로 사람, 사물, 특히 자신을 대하느냐에 따라 완전히 다른 결과가 나올 수 있습니다. 그러니 자기 자신에게 자애를 보내지 않을 이유가 없습니다. 가학적인 성향의 사람이라면 악의의 마음을 길러도 되지만, 자신이 행복하기 바라고 즐겁기를 바라는 사람은 자애를 길러야 합니다.

주위 사람에게도 마찬가지입니다. 타인을 싫어하고 악의의 마음을 가지고 미워한다면 그 사람에게 해가 되고, 무엇보다도 자신에게 해가 됩니다. '그 사람이 어리석음에서 벗어나기를', '따뜻한 마음을 갖기를'이라고 연민의 마음을 갖고 빌어주세요. 주변 사물에 대해서, 여러분이 하는 일에 대해서, 공부에 대해서 따뜻한 자애의 마음을 계발하여 보내보세요.

그것이 가장 빠르게 마음의 행복을 이끌어내는 원동력이 됩니다. 그렇게 하면 하루종일 자신의 행복을 계발하는 것과 마찬가지입니다. 명상할 때도 자애의 마음을 계발하면 굉장히 부드럽고 유연하고 순수하고 행복해져서 호흡명상이든 걷기명상이든 저절로 잘됩니다.

자애명상을 통해 마음이 행복해지면 몰입과 삼매에 들 수 있습니다. 어떤 명상을 하든 자애명상으로 기초를 닦으면 명상이 훨씬 쉽습니다. 스케이트를 탈 때 얼음의 마찰력이 0이 되는 것과 같습니다. 마찰력이 작으면 스케이트가 아주 쉽게 나아갑니다. 자애명상은 일에도, 인간관계에도, 명상에도 아주 큰 이익이 됩니다.

특히 자기 자신에 대한 자애를 항상 계발하십시오. 자신의 이름을 부르면서 자애를 기르는 것이 처음에는 어색할 수 있습니다. 잘 몰라서, 습관이 안 되어서 그렇습니다. 이것은 자신의 행복을 위해 엄청난 첫발을 내딛는 것입니다. 루이 암스트롱이 달 표면에 첫발을 내딛은 것보다 훨씬 거룩하고 가치 있고 어마어마한 일입니다. 이것으로 자신의 삶을 바꿀 수 있습니다.

공덕을 짓는 방법은 여러 가지가 있습니다.
사람을 도울 수도 있고, 사찰에 보시할 수도 있고,
봉사를 할 수도 있습니다.
그런데 공덕 중에서도
자애의 마음을 일으키는 것은
굉장히 큰 공덕을 짓는 것이고
복을 짓는 것입니다.
자애는 사람뿐 아니라 사물에게도
눈에 보이지는 않지만 영향을 미칩니다.
그것은 아주 좋은 선업을 지은 것이기 때문에,
선업의 결과에 따라 그것이 쌓이면
자신이 원하는 좋은 결과가
따를 가능성이 커집니다.
그러므로 자기 자신이 행복하기를
먼저 바라고 덧붙여 가까운 사람들,
이웃, 동료, 더불어 모든 존재들이
행복하기를 다 같이 빌어주세요.
이렇게 하면 그것이 선업을 쌓은 원인이 되어
그 결과 자신의 기도가
훨씬 잘 이루어질 수 있습니다.

5강

걷기명상

가볍게 시작하는 걷기명상

일반적으로 명상을 한다고 하면 대부분 좌선 자세를 떠올립니다. 허리를 세우고 눈을 지그시 감고서 거룩하게 앉아 있는 모습을 많이 상상합니다. 하지만 명상 자세는 매우 다양합니다. 일상생활 속에서 평소에 좌선을 할 수 있는 시간도 있습니다. 그렇지만 좌선을 할 수 없는 상황도 있고, 서 있을 때도 있고, 걸어다닐 때도 있습니다. 우리는 굉장히 다양한 자세를 취하고 여러 가지 활동들을 합니다.

좌선 자세로 명상을 할 때도 있지만 그 외의 다양한 자세로도 명상을 할 수 있습니다. 그중 한 가지 방법이 걷기명상입니다.

사람의 자세를 보통 네 가지로 표현합니다. 불교 명상에서는 '행주좌와(行住坐臥)'라고 말합니다. '행(行)'은 걷는 것이고, '주(住)'는 가만히 서서 머물러 있는 것, '좌(坐)'는 앉아 있는 것, '와(臥)'는 누워 있는 자세입니다. 일상의 자세를 이렇게 네 가지로 표현하는데, 그중 행에 해당하는 것이 걷기명상입니다.

좌선만 해도 좋지만, 나이가 들거나 몸을 다쳤거나 무릎이 안 좋거나 허리가 안 좋으면 좌선을 오래 하기가 어렵습니다. 좌선 자세로만 명상을 해야 한다면 몸이 아픈 사람은 명상을 할 수가 없겠지요. 하지만 좌선 자세뿐만 아니라 걷는 자세로도 얼마든지 명상을 할 수 있습니다.

걷기명상을 빠알리어로는 '짠까마(cankama)'라고 합니다. 걷기명상은 부처님도 많이 하셨던 명상법입니다. 경전에 따르면 부처님은 일어나자마자 새벽 시간에 걷기명상을 많이 하셨다고 합니다. 부처님뿐 아니라 부처님의 제자들도 걷기명상을 많이 했고, 걷기명상을 하다 깨달음을 얻은 분도 많습니다. 물론 지금도 걷기명상을 하는 스님들이 많이 있습니다. 대개 좌선을 걷기명상보다 우월한 명상법이라고 생각하는 경우가 많지만 결코 그렇지 않습니다. 걷기명상도 아주 뛰어난 방법입니다.

걷기명상은 장점이 많습니다. 일단 앉아서 좌선을 하면 졸리기 쉽습니다. 잠이 쏟아지면 자기도 모르게 졸게 됩니다. 하지만 걸을 때는 잠을 잘 수가 없습니다. 그래서 걷기명상은 졸릴 때 적절한 명상법입니다.

그리고 좌선만 너무 오래 하면 건강에 문제가 생길 수도 있습니다. 소화가 안 되고 혈액순환도 안 되고 다리 근육도 약해져서 건강에 문제가 생길 수 있습니다. 그러나 걷기명상은 그냥 걷는 것이 아니라 발의 느낌에 집중하며 걷는 것이기 때문에 많이 걷지 않아도 건강에 아주 좋은 영향을 미칩니다. 혈액순환도 잘되게 해주어서 건강에 참 좋은 명상법입니다.

호흡명상은 처음에 좀 어렵게 느껴질 수 있습니다. 호흡을 지켜보는 것이 어렵기도 하고, 호흡을 지켜보면 긴장되기도 하고, 숨이 답답하기도 해서 처음에는 접근하기가 쉽지 않습니다. 그러나 걷기명상은 그런 긴장감이 덜합니다. 걷기는 호흡보다 쉽게 인식할 수 있습니다.

걷는 느낌은 좀더 명확합니다. 걷기명상은 발의 느낌을 알아차리는 것이기 때문에 처음부터 긴장감 없이, 몸에 무리가 가지 않게 편안히 명상을 시작할 수 있습니다. 그리고 그렇게 걷기명상을 하다보면 알아차림이 강해집니다. 그래서 정신적으로 상당히 정제됩니다. 그렇게 마음의 힘을 기른 다음 호흡명상을 하면 강한 알아차림 덕분에 호흡명상이 아주 쉬워집니다.

보통 호흡명상을 처음 할 때 잘 안 되는 것은 알아차림의 힘이 약하기 때문입니다. 그런데 걷기명상을 통해 알아차림을 어느 정도 확립해 마음의 힘을 키워놓으면 호흡명상을 좀더 쉽게 할 수 있습니다. 이렇게 처음 명상을 할 때는 걷기명상이 아주 유용한 방법입니다.

한 걸음 한 걸음 내디디며

무엇이 되었든 한 가지만 계속하면 질리기 마련입니다. 아무리 맛있는 음식도 매일 먹으면 질리듯이 말입니다. 명상도 같은 자세로 같은 명상만 하다보면 잘될 때도 있지만 똑같은 명상에 마음이 질리기 쉽습니다. 그때 변화를 줄 필요가 있습니다. 호흡명상을 하다 지루해지고 집중력이 떨어지면 걷기명상으로 다시 명상의 힘을 얻고, 그러고 나서 호흡명상으로 돌아오는 것입니다.

걷기명상을 시작하려면 처음에는 걷기명상을 할 장소를 찾아야 합니다. 걷기명상을 하기 좋은 장소는 스무 걸음에서 서른 걸음 정도 되는 평지가 좋습니다. 그보다 길거나 짧아도 됩니다. 집안이든 복도든 초등학교 운동장이든 20~30보 정도 되는 평평한 장소를 정합니다. 걷는 거리가 너무 길면 주의력을 다른 곳으로 빼앗겨버리기 때문에 그 정도가 좋습니다. 여기저기 시선을 빼앗기면 걷기명상이 아닌 무의미한 산책을 하게 됩니다. 걷기명상은 산책하듯이 걸어다니는 것이 아니고, 특정한 장소를 정해서 하는 것입니다.

공원이나 산 같은 곳은 집중력이 떨어질 수 있습니다. 걷기명상을 나갔는데 산을 구경하고 사람을 구경하면 걷기명상이 아니라 산책을 즐기는 것입니다. 걷기명상을 할 수 있는 공간을 확보하는 것이 좋습니다. 또 오르막길이나 내리막길, 울퉁불퉁한 길은 걸으면서 신경이 쓰입니다. 돌부리도 피해야 하고, 올라가면 다리도 아프고 힘이 듭니다. 그런 것에 신경쓰지 않을 수 있는 평평한 곳이 좋습니다. 좌선을 할 때도 조용한 장소를 찾습니다. 소리나 사람들이 방해하지 못할 장소를 찾아 명상을 합니다. 걷기명상을 할 때에도 걷기명상을 방해할 요소가 없는 곳을 택해야 합니다. 평평한 곳, 거리는 스무 걸음 정도 걸을 수 있는 곳이 적당합니다. 거리가 너무 긴 장소에서는 돌 같은 것으로 시작과 끝에 표시를 해두고서 걷기명상을 하는 것이 좋습니다. 넓은 장소에서 시작과 끝을 정해놓지 않으면 마음속에 갈등이 생길 수 있기 때문입니다.

걷기명상을 시작하기 전에 자신이 정말 걷기명상을 한다는 마음을 가져야 합니다. 좌선을 할 때는 자신이 명상을 한다는 인식이 자연스럽게 저절로 생깁니다. 좌선 자세 자체가 명상할 마음가짐을 갖게 해주는데, 걷기명상을 할 때는 아무 생각 없이 명상을 시작하면 산책을 한다는 생각을 갖게 되기 쉽습니다. 그러므로 좌선을 하고 호흡명상을 하는 것만큼이나 중요한 명상을 한다는 마음가짐을 갖고 걷기명상을 시작해야 합니다. 마음을 가다듬어야 합니다.

그러고 나서 시작하는 지점에 서서, 두 손은 차수(叉手)를 하여 편안하게 앞으로 모읍니다. 손을 앞뒤로 움직이면 손의 움직임이 신경쓰이지만 차수를 하면 팔이 덜렁거리지 않아서 신경쓰이지 않습니다.

차수란 손에 힘을 주지 않고 손가락 부분이 서로 자연스럽게 교차되게 하여 왼손의 손가락 부분을 오른손으로 가볍게 잡고 단전 부분에 대고 있는 자세입니다. 경우에 따라 손을 바꾸어 왼손으로 오른손을 잡아도 무관합니다. 어느 손이 위로 가느냐는 중요하지 않습니다. 자신이 편하게 느끼면 됩니다.

시선은 2미터 정도 앞의 땅을 향하십시오. 정면을 보면 주위에 시선을 많이 뺏기게 됩니다. 시선을 내리깔고 2미터 정도 앞을 보면 다른 것들이 보이지 않습니다. 자연스런 속도로 걸으십시오. 너무 급하게 걷지도 말고 너무 천천히 걷지도 마십시오.

빨리 걸으면 마음이 급해지고, 너무 천천히 걸으면 걷는 데 신경이 쓰입니다. 마음이 편안할 정도의 속도로 걷는 것이 좋습니다.

걷기명상은 기본적으로 발의 느낌에 집중하는 방법입니다. 발이 땅에 닿을 때 그 느낌을 알아차리는 명상법입니다. 호흡명상에서는 호흡을 알아차립니다. 걷기명상에서는 발바닥이 땅에 닿는 느낌이 명상의 대상입니다. 왼발이 바닥에 닿으면 왼발이 닿은 줄 알고, 오른발이 닿으면 오른발이 닿은 줄 알면 됩니다. 그러다 다른 생각이 일어나면 다시 발의 느낌으로 돌아옵니다. 왼발 오른발의 느낌을 잊었구나 하고 알면 됩니다. 명상로의 끝에 도달해 돌면서도 왼발 오른발을 알면서 돌면 됩니다.

처음에는 왼발 오른발의 느낌을 알면서 걷지만, 나중에는 왼발인지 오른발인지 신경쓰이지 않습니다. 발바닥이 땅에 닿는 느낌만 알면 됩니다. 그 순간에는 발이 땅에 닿는 느낌밖에 없습니다. 이것만 알아차리면 됩니다.

걷기명상을 할 때는 일반적으로 걸음이 조금 느려집니다. 마음이 편안하게 걷다보면 속도가 조금 느려지는데, 그 정도 속도로 걸으면 됩니다.

걷다보면 밖으로 뻗치던 마음이 어느 순간 모이면서 생각들과 외부의 대상들이 잊히고 발의 느낌만 남게 됩니다. 이렇게 되면 마음이 점점 고요해지고 집중됩니다. 시간이 지나면 걷기에 몰입해 있어 옆에 사람이 지나가도 신경쓰이지 않습니다.

처음에는 단순하게 생각하는 것이 좋습니다. 발이 땅에 닿는 느낌만 알아차린다고 편안하게 생각하세요. 걷기명상을 하다보면 마음이 편안히 쉬게 되면서 여러 가지 번뇌들이 사라지고 몰입이 되기 시작합니다.

그렇게 계속 걷다보면 자신이 걷는지 안 걷는지도 모르게 됩니다. 처음에는 걷는 것이 힘들 것 같은데 몰입이 되기 시작하면 걷는 것이 조금도 힘들지 않습니다. 삼매에 들기 시작하면 몸도 마음도 가벼워지기 때문입니다. 이것을 '경안(輕安)'이라고 합니다. 몸의 경안, 마음의 경안이라고 합니다. 얼음판에서 스케이트를 탈 때 한번 힘을 주면 쭉 미끄러지면서 마찰 없이 나아가듯이, 걷기명상을 할 때도 마치 그런 것처럼 굉장히 즐겁게 걸을 수 있습니다. 몸이 경안해지면 걷는 것이 빙판에서 마찰 없이 미끄러지는 듯 느껴집니다.

걷기명상을 할 때도 호흡명상을 할 때와 기본적으로 똑같은 과정을 거치게 됩니다. 명상의 원리는 똑같기 때문입니다. 명상의 주제가 달라질 뿐이고 명상의 대상이 달라질 뿐입니다.

호흡명상을 할 때처럼 걷기명상을 할 때도 먼저 긴장을 풀어야 합니다. 마음을 편안하게 하고 긴장을 풀고 그다음에 과거와 현재에 대한 짐을 내려놓는 것이 첫번째 단계입니다. 호흡명상을 할 때도 과거와 미래에 대한 생각들이 가장 큰 짐이고 걷기명상을 할 때도 그렇습니다. 과거와 미래에 대한 짐들을 내려놓아야 합니다.

처음에는 과거와 미래를 버리고서 현재의 순간에 일어나는 것들을 알아차리면서 걷습니다. 그런 후 마음속에 일어나는 생각들을 버립니다. 생각 없이 현재 이 순간을 알아차리면서 걷기명상을 하다가 발의 느낌을 알아차리기 시작합니다.

발의 느낌을 아는 것도 처음부터 단계적으로 시작합니다. 발이 땅에 닿는 느낌, 발이 땅에 닿았다 들리는 느낌, 왼발이 닿는 느낌, 오른발이 닿는 느낌 등 이런 느낌들을 알아차려봅니다.

처음부터 발의 느낌을 자세히 알아차리려 해도 잘 안 됩니다. 처음에는 왼발이 땅에 닿는지, 오른발이 땅에 닿는지 이것만 알아차립니다. 그러면 왼발, 오른발을 놓치지 않게 됩니다. 그러면서 조금 더 많이 알아차리게 됩니다. 그리고 발이 땅에 닿으면 우리 몸의 무게가 발바닥에 느껴집니다.

이렇게 발의 느낌을 점점 많이 알아차리다가 나중에는 저절로 발에서 일어나는 모든 느낌을 알아차리게 됩니다. 그렇게 되면 나중에는 자연스럽게 아무것도 보이지도 들리지도 않게 되고, 발걸음에서 일어나는 느낌들만 자신의 의식을 완전히 차지하게 됩니다. 그렇게 주의력이 완전히 집중됩니다. 그런 상태가 지속되면 결국은 걷는 것 자체가 즐거워집니다.

호흡명상을 하면 호흡을 알아차리는 시간이 길어지고, 그것이 지속되면 마음속에서 고요함과 행복이 솟아나듯이 걷기명상도 마찬가지입니다. 걷기명상을 할 때도 호흡명상을 하듯이 똑같은 원리를 적용하면 됩니다.

호흡은 굉장히 미세한 대상이어서 긴장도 되고 신경도 많이 쓰이지만, 걷기명상은 대상이 명확하기 때문에 주의력을 두기가 비교적 쉽습니다. 다른 생각이 일어나거나 과거나 미래로 끌려갈 때 이것을 슬쩍 버리고 걷는 느낌으로 다시 돌아오면 됩니다. 이는 거친 마음을 정리하는 데 효과적입니다. 호흡명상은 섬세한 명상법이기 때문에 강한 알아차림을 계발해서 명상에 깊이 있게 들어갈 수 있지만 거친 마음을 다스리기는 쉽지 않습니다.

하지만 걷기명상을 잘하면 거친 마음을 쉽게 정제시킬 수 있습니다. 이렇게 정제된 마음으로 좌선이나 호흡명상을 하면 굉장히 쉽게 명상을 할 수 있습니다. 그래서 걷기명상은 준비 단계의 명상으로 중요하기도 하고, 분위기 전환을 하는 명상법으로도 아주 좋습니다. 처음에는 걷기명상에 좀더 비중을 두기를 추천합니다.

걷기명상에는 다섯 가지 이익이 있다.

오래 여행을 할 수 있게 되고

정진력이 향상되고

병에 잘 걸리지 않게 되고

소화가 잘되며

삼매가 오래 지속된다.

—

앙굿따라 니까야

6강

일상생활 속에서의 명상

마음의 짐 내려놓기

지금까지 불교 명상의 기본적인 원리와 방법에 대해 이야기했습니다. 알아차림과 호흡명상, 자애명상, 걷기명상에 대해 다루었습니다.

이제 이런 방법들을 생활 속에서 실천하는 것이 중요합니다. 명상의 목적은 자신의 삶을 변화시켜 마음의 여러 가지 장애들, 즉 불안, 고통, 슬픔, 스트레스 등을 해결하는 데 도움을 얻고, 더 나아가서는 깨달음을 얻는 데 도움을 얻고자 하는 것입니다.

일회성으로 명상을 하는 것도 좋습니다. 명상을 하지 않는 것과는 비교가 안 될 정도입니다. 잠깐의 명상도 그 자체가 소중한 씨앗이 되어 언젠가는 발아하여 자라서 꽃피우게 될 것입니다. 하지만 평소에 명상을 꾸준히 실천한다면 그 가치가 배가 됩니다. 명상의 가치는 실제로 얼마나 많은 시간을 투자하느냐에 따라서도 달라집니다. 하지만 그보다 더 중요한 것은, 그 시간을 얼마나 소중하게 여기느냐입니다. 명상하는 시간을 정말 소중하게 여기면 소중하게 여긴 만큼 그 가치가 커집니다.

사람들은 다이아몬드를 귀중하게 여깁니다. 왜 그럴까요? 사람들이 소중하다고 여기기 때문에 다이아몬드가 더욱 가치 있게 여겨지는 것입니다. 손톱만한 다이아몬드 한 알이 집 한 채 가격도

넘는 어마어마한 가치가 있습니다. 그냥 단단한 돌이라고만 생각하면 뭔가를 깨는 용도로만 사용하고 버릴 것입니다.

명상이라는 것도 소중하게 여기면 여길수록 그만한 가치를 지니게 됩니다. 명상에서 가장 본질적인 부분은 현재 이 순간에 머물러 있는 것입니다. 모든 명상의 본질이 그것입니다. 걷기명상을 하든 호흡명상을 하든 현재 이 순간에 머물러 있는 것입니다.

호흡명상을 한다면 현재 이 순간에 호흡과 함께 머물러 있는 것이고, 걷기명상을 한다면 현재 이 순간에 발의 느낌과 함께 머물러 있는 것이지요. 알아차림을 유지하는 명상을 한다면 현재 이 순간에 두드러지는 느낌들과 함께하고 있는 것입니다.

현재 이 순간에 머물러 있는 것이 가장 핵심적이고 본질적인 부분입니다. 그러면 과거와 미래가 사라집니다. 사람들은 과거와 미래라는 짐을 항상 어깨에 메고 있습니다. 아주 무거운 짐입니다.

제가 머물고 있는 절에서는 화목 보일러를 사용합니다. 그래서 산에서 나무를 해 오곤 합니다. 처음에 빈 지게를 지고 갈 때는 아주 즐겁습니다. 아름다운 호숫가를 걸어가면 기분이 좋습니다. 지게에 나무 하나를 얹으면 그 정도는 가뿐하고 좋습니다. 하지만 나무를 몇 덩이 더 얹으면 힘이 듭니다. 그걸 지고 걸으면 몹시 힘듭니다. 빈 지게를 지고 갈 때 봤던 멋진 호수가 조금도 눈에 들어오지 않습니다. 무거운 어깨, 아픈 다리, 가쁜 숨만 느껴집니다.

인생의 짐, 마음의 짐, 이런 것들은 원래 무거운 짐이 아닙니다.

그런데 사람들은 대부분 과거에 대한 후회, 생각, 미련 등의 짐들과 미래에 대한 걱정, 계획, 불안함 등의 짐들을 항상 메고 있습니다. 그러니 마음의 어깨가 늘 무겁습니다. 무거워서 우울해지기도 하고, 가슴이 터질 것 같기도 하고, 울고 싶기도 하고, 우울증에 걸리기도 하고, 의욕이 없어지기도 합니다. 과거와 미래에 관한 여러 가지 생각들, 감정들, 걱정들, 이러한 것들이 그 사람을 짓누릅니다.

그것만 내려놔도 가벼워집니다. 그렇게 가벼워지면, 가벼운 마음으로 호숫가를 즐겁게 산책할 수 있습니다. 이런 가벼운 마음, 현재 이 순간에 머물러 있게 해주는 마음을 가지려면 물론 훈련 필요합니다. 그렇지만 명상을 할 때 명상하는 시간을 소중하게 여기는 데서 시작하면 좀 쉬워집니다. 명상하는 그 순간을 소중하게 여기면 과거에 대한 생각도 나지 않고 미래에 대한 생각도 나지 않기 마련입니다. 그 상태가 너무 소중해서 딴생각이 떠오르지 않는 것이지요. 단 오 분을 명상하더라도, 단 일 분을 명상하더라도 이렇게 생각해보세요.

'부처님이 깨달음에 이르기 위해 보리수 아래서 하셨던, 바로 그 명상을 하고 있다. 2600년의 시간이 지나 내가 지금 부처님과 똑같이 명상을 하고 있지 않은가! 얼마나 대단한 일인가! 기적이다! 도대체 얼마나 큰 공덕을 지었기에 이런 명상을 할 수 있는 기회를 누리고 있는가. 전생에 내가 복을 정말 많이 쌓았구나.'

과장인 것 같지만 과장이 아닙니다. 이렇게 명상하면 아주 잠깐 명상을 하더라도 이십 분, 아니 두 시간 동안 명상한 것 같은 효과가 있습니다. 열심히 명상하라고 말하고 싶지는 않습니다. 제 경험상 열심히 하다보면 자꾸 욕심이 나고, 그러면 현재 상태에 불만을 갖게 됩니다. 그러다보면 명상이 힘들어지지요.

욕심을 내는 것 자체가 탐심이 생기는 것이고, 이것은 명상을 방해하는 부정적인 원인입니다. 그리고 현재 상태에 불만을 갖는 것은 성내는 마음으로, 이것도 부정적인 업입니다. 명상에 방해가 되지요. 명상에 방해가 되는 원인을 계속 쌓고 있으니 명상이 힘듭니다. 아무리 열심히 하더라도 그런 방식으로 명상하면 명상하는 순간도 괴로울뿐더러 시간을 들인 만큼 효과가 없습니다.

열심히 하지 않아도 됩니다. 하지만 하루에 이십 분을 명상하더라도 뿌듯하게 여겨야 합니다. 정말로 시간이 없어서 이십 분도 명상할 시간을 낼 수 없었다면, 자기 전에 단 오 분이라도 앉아서 명상을 해보세요. 그러면서 자신을 되돌아보십시오.

'내가 오 분 동안 명상을 했으니 얼마나 대단하고 소중한 일을 했는가. 나를 깨달음의 경지로 이끌어주는, 궁극적인 행복으로 이끌어주는 명상을 하고 있으니.'

이렇게 명상한 것을 뿌듯하게 여기면 됩니다. 그러면 명상을 잘하든 못하든 명상을 할 때마다 즐거워집니다. 이렇게 하면 명상이 잘됩니다. 설령 명상이 잘 안 되더라도 그 순간이 괴롭지 않습니다. 소중하고 가치 있는 일을 했기 때문에 그 자체만으로도 삶이 즐거워집니다.

모든 삶이 명상이다

부처님의 가르침에서도 일상에서 실천하는 명상이 선행되어야 한다고 말합니다. 우리가 좌선을 하면서 깊은 명상에 들려 해도 일상 속에서 명상을 실천하는 것이 바탕이 되어야 그것이 탄탄한 기초가 되어 좌선을 할 때도 편안하게, 그리고 깊이 있게 할 수 있습니다.

그러면 일상에서 명상의 대상은 무엇일까요? 우리는 뭘 할 수 있을까요? 뭐든지 명상의 대상이 될 수 있습니다. 호흡명상을 할 때는 호흡이 명상의 대상이 됩니다. 자신이 책 읽는 것을 알아차리는 것, 음악을 듣는 것을 알아차리는 것, 이렇게 무수히 많은 것이 명상의 대상이 됩니다. 고개를 왼쪽으로 돌리고 오른쪽으로 돌리는 것을 알고, 앉아 있으면 앉아 있는 것을 알고, 서 있으면 서 있는 것을 알고, 뒤로 돌면 뒤돌았다는 것을 알고, 밥을 먹으면 밥을 먹는다는 것을 알 수 있습니다. 이처럼 다양한 명상의 대상들이 있습니다.

밖으로 나가보면 자연이 굉장히 아름답습니다. 아침에 호숫가를 걷다보니 꽃들이 아름답게 피었더군요. 그렇게 꽃을 보며 알아차릴 때도 있고, 호수에서 푸드덕거리며 헤엄치는 오리의 모습을 보는 것을 알아차릴 때도 있고, 그 소리를 알아차릴 때도 있습니다. 산에서 들려오는 새소리를 알아차리기도 하고, 바람 소리를 알아차릴 수도 있고, 자기 자신과 관련된 내면의 감정이든 자신의 몸에 관련된 것이든 밖의 사물이든 모두 대상이 됩니다.

또는 생각이 일어날 때 생각이 일어나는 것을 알 수 있습니다. 슬픈 생각이 나면 슬픈 생각을 알 수 있고, 기쁜 생각이 나면 기쁜 생각이 일어났다는 걸 알 수 있습니다.

이 모든 것들이 명상 대상이 될 수 있습니다. 일상에서 이 모든 것들을 명상의 대상으로 삼을 수 있습니다. 호흡명상을 할 때는 호흡만을 대상으로 삼습니다. 들숨과 날숨이 일어나는 것을 편안하게, 가만히 멈춰서 지켜보는 것입니다. 걸으면서 발걸음을 알아차리는 것은 걷기명상입니다. 아름다운 꽃을 바라보는 것은 꽃을 바라보는 명상입니다. 명상의 대상은 이렇게 다양할 수 있습니다.

예를 들어 우리가 산책을 할 때 아무런 인식도 하지 않고 산책을 한다면 일상의 경험이 되지만, 산책하는 것을 명상의 대상으로 삼고 명상하는 방식으로 산책을 하면 산책을 하는 경험 자체가 아주 즐겁고 색다른 경험이 되고, 산책하는 행위에 마음의 빛을 비추게 됩니다.

그러므로 일상생활을 하면서 우리가 하는 행동들, 이런 것을 명상 대상으로 삼을 때는 이것이 명상임을 인식해야 합니다.

그러면 이렇게 다양한 대상들을 두고 명상을 하는 목적은 무엇일까요? 첫째로는 앞에서 말한 것처럼 이것 자체가 우리가 아주 깊은 명상을 하는 데 기초가 되는 측면이 있습니다. 둘째로는 이 명상 자체가 우리 삶을 훨씬 더 풍부하게 만들어주므로 우리 삶을 좀더 행복하게, 인생의 순간순간을 좀더 의미 있게 보낼 수 있게 해줍니다.

나를 위한 명상

명상하는 분들을 보면 대개 처음에 잘하는 분들이 많습니다. 아무것도 모를 때는 명상을 잘하다가 조금 알고 나면 힘들어합니다. 거의 예외가 없습니다. 처음에는 명상에 대해 아무것도 모르니까 욕심을 낼 게 없습니다. 그런데 명상을 조금씩 알게 되면 욕심이 생기기 시작합니다.

'명상이 참 좋은 거구나. 더 해봐야지. 하루에 두 시간 정도는 해야겠지.'

그러면서 점점 수렁으로 빠져듭니다. 하지만 뭐가 잘못됐는지 잘 인식하지 못합니다.

명상을 더욱더 잘하려고 할수록 좌절에 빠집니다. 마음속에 욕심이 들끓어서 고통의 원인이 되는 것입니다. 잘하려는 욕심이 바로 탐심이기 때문입니다. 어떤 욕심이든 욕심이라는 것은 명상을 할 때에는 부정적인 것입니다. 그래서 욕심이 생기면 결과적으로 명상이 잘될 수가 없습니다. 짧은 시간 동안 명상을 하더라도 그 시간을 소중하게 여기며 명상하는 수행자가 되십시오.

그리고 상황에 따라 호흡명상, 자애명상, 걷기명상을 적절하게 활용하는 것이 좋습니다. 한 가지 명상법만 계속하는 것보다는 이런저런 상황에 따라 다양한 방법을 쓰는 것이 좋습니다. 앉아 있을 때 호흡명상을 하고, 그러다 좀 지루하면 밖으로 나가 걷기명상을 하기도 하고, 마음이 행복하지 않을 때 혹은 마음이 조금 부정적일 때는 자애명상을 해봅니다. 이렇게 각각의 명상법을 적절히 섞어서 하는 것이 좋습니다.

저는 사포질을 아주 잘합니다. 사포질을 할 때 아주 거친 표면에는 거친 사포를 씁니다. 매끈한 곳에는 부드러운 사포를 쓰지요. 나무의 상태에 따라 사포의 종류도 달라집니다.

여러분의 마음 상태도 마찬가지입니다. 호흡명상만 해도 좋을 때가 있습니다. 그런데 어떨 때는 몸을 좀 움직여야 하지요. 그럴 때는 걷기명상을 하면서 마음을 고요하고 평화롭게 만들어야 합니다.

그렇게 명상법들을 적절하게 달리하면 됩니다. 형식에 너무 구애받지 않는 것이 좋습니다. 호흡명상을 하려고 하면, 자세를 잡고 허리를 세우고 정면에 마음 챙김을 확립하는 등 준비 과정을 거치기도 하지만, 그저 편안하게 소파에 앉아서 명상을 한다든가, 전철을 타고 가면서 명상을 해도 괜찮습니다.

가장 중요한 기준은, 자신이 명상을 할 때 가장 잘되는 방향으로 하는 것입니다. 평소에 배운 명상법들을 실천해보려고 노력하는 것이 좋습니다. 짧더라도 괜찮습니다. 항상 시간을 내서 명상을 하고, 사람들과 모여서 함께 명상을 할 기회가 있으면 때때로 참석하는 것도 좋습니다.

명상은 잡고 있거나 취하는 것, 욕심부리는 것이 아니라 전부 놓아버리는 것입니다. 놓아버리고 포기함으로써 명상의 결과를 성취하는 것입니다. 명상으로 얻는 좋은 결과들이 있습니다. 마음이 평온하고 행복해지고, 집중력도 생기며 지혜도 성숙합니다. 이런 좋은 결과를 얻으려면 모든 것을 내려놓는 마음이 필요합니다. 포기하는 마음이 있어야 합니다. 반어적인 말 같지만, 명상이라는 것은 세속의 흐름, 욕망의 흐름을 거스르기 때문입니다. 이것을 잘 이해해야 합니다. 잘 이해하지 못하고 세속에서 하던 대로 명상에 접근하면 실패하게 됩니다.

한 가지만 기억하십시오. 명상은 취하고 욕심부려 성취하는 것이 아니라 포기하고 놓아버림으로써 성취하는 것입니다. 뭔가를 욕심을 갖고 이루어가는 것이 아니라, 그런 욕망들 하나하나를 단계적으로 놓아버림으로써 여러 명상의 단계를 성취하게 된다는 것입니다. 이것만 잘 기억하십시오.

조금 놓아버린다면
조금 행복할 것이다.

많이 놓아버린다면
많이 행복할 것이다.

완전히 놓아버린다면
완전히 자유로워질 것이다.

—

아잔 차

마음 다루기 수업
혜안 스님의 삶을 바꾸는 명상 이야기

1판 1쇄 2017년 11월 27일
1판 5쇄 2023년 1월 26일

지은이 혜안

편집 신정민 박민주 정소리
디자인 이현정
마케팅 김선진 배희주
브랜딩 함유지 함근아 김희숙 고보미 박민재 박진희 정승민
제작 강신은 김동욱 임현식
제작처 한영문화사

펴낸곳 (주)교유당 | **펴낸이** 신정민
출판등록 2019년 5월 24일 제406-2019-000052호

주소 10881 경기도 파주시 회동길 210
문의전화 031-955-8891(마케팅) 031-955-3583(편집) 031-955-8855(팩스)
전자우편 gyoyudang@munhak.com
인스타그램 @thinkgoods | **트위터** @thinkgoods | **페이스북** @thinkgoods

ISBN 978-89-546-4909-4 03220

• 싱긋은 (주)교유당의 교양 브랜드입니다.